Regionalverband Ruhr (Hg.)

Robert Schmidt

Denkschrift betreffend Grundsätze zur Aufstellung eines General-Siedelungsplanes

Reprint

KLARTEXT

1. Auflage Oktober 2009
Herausgeber: Regionalverband Ruhr
Redaktion: Dieter Nellen in Verbindung mit Michael Bongartz, Regionalverband Ruhr
Satz und Reproduktion: Klartext Medienwerkstatt GmbH, Essen
Umschlaggestaltung: Volker Pecher, Essen
Druck und Bindung: Druckerei Nolte, Iserlohn
© Klartext Verlag, Essen 2009
ISBN 978-3-89861-901-1
Alle Rechte vorbehalten

www.klartext-verlag.de

Heinz-Dieter Klink/Thomas Rommelspacher

Nachdruck aus besonderem Anlass
Robert Schmidt und die Gründungsurkunde des SVR

Im Jahre 1912 verfasste der Essener Technische Beigeordnete Robert Schmidt im politischen Auftrag eine »Denkschrift betreffend Grundsätze zur Aufstellung eines General-Siedelungsplanes für den Regierungsbezirk Düsseldorf (rechtsrheinisch)«.

Was zunächst nur als Entwurf eines »Nationalparkes für den rheinisch-westfälischen Industriebezirk« von Düsseldorf bis Essen dienen sollte, reifte schnell zu einer gesamtplanerischen Konzeption zugunsten der »Siedelungsfrage für den ganzen Bezirk«.

Erstmalig wurde darin für den westlichen Teil des an Rhein und Ruhr gelegenen Industrieraumes die Notwendigkeit einer koordinierten und die einzelnen Gebietskörperschaften übergreifenden Regionalentwicklung systematisch begründet: »Dieser General-Siedelungsplan stellt einen Organismus dar, dessen einzelne Teile in Wechselwirkung zu einander alle Bedürfnisse der modernen Massenansiedlung erfüllen müssen.«

Das späte 19. und das frühe 20. Jahrhundert vor und nach dem Ersten Weltkrieg ist die Zeit der inhaltlichen Entwürfe und der organisatorischen Etablierung der großen regionalen Verbände im Ruhrgebiet.

Andere Räume erhalten ihre topographische Kontingenz viel stärker durch natürliche landschaftliche Gegebenheiten. Das räumliche Objekt von Robert Schmidts Untersuchung erhielt damals wie heute seinen räumlich-funktionalen Zusammenhang aus der Konformität seiner Entwicklungschancen bzw. Probleme.

Das Denken in diesen weit reichenden Dimensionen führte 1920 in politisch turbulenter Zeit zur Gründung des Siedlungsverbands Ruhrkohlenbezirk (SVR) mit einer Gebietskulisse, die wesentliche Teile der heutigen Metropole Ruhr umfasst.

Das Ruhrgebiet in der politischen Formation eines planerisch stringenten Verbandsgebietes war damit geschaffen. Erster Direktor des SVR wurde Robert Schmidt, Verfasser der mutigen Denkschrift von 1912. Sie war gewissermaßen die Gründungsurkunde des SVR und dieser für lange Zeit Träger der regionalen Landesplanung.

Der KVR als Träger der informellen Planung und des weichen Strukturwandels

1979 folgte auf den SVR der Kommunalverband Ruhrgebiet (KVR). Zuvor war die bisher kommunale Regionalplanung ihren Trägern – dem Siedlungsverband und den Landesplanungsgemeinschaften von Rheinland und Westfalen – entzogen und verstaatlicht worden. Nunmehr wurde sie von den Bezirksregierungen in Düsseldorf, Münster und Arnsberg wahrgenommen. Die planerische Dreiteilung des Ruhrgebiets wurde im Zuge der Kommunal- und Funktionalreform zugunsten der Integration des gesamten Bundeslands über große staatliche Planungen hingenommen.

Rückschläge können auch Innovationen befördern: Der KVR konzentrierte sich auf informelle Planungen. Er entwickelte eine vorbildliche Projektqualität bei der Freiraum- und Landschaftsgestaltung, der Sicherung des industriekulturellen Erbes und der Freizeitqualität im Ruhrgebiet. Kultur, Tourismus und Sport, unverzichtbare Parameter einer zeitgemäßen weichen Regionalentwicklung, kamen später prominent hinzu und begründeten für den Strukturwandel neue inhaltliche Allianzen mit der Landesregierung NRW.

Zwischen 1989 und 1999 hatte sich darüber hinaus eine enge Symbiose mit der Internationalen Bauausstellung Emscher Park (IBA) entwickelt. Ganz im Geist Robert Schmidts definierte sich dieses große Landesprojekt als »Werkstadt für die Zukunft von Industrieregionen«. Die IBA und ihr Kopf, Karl Ganser, erreichten mit ihren zahlreichen regionalpolitischen Memoranden eine strategische Diskursdichte, für die Robert Schmidt in den Grenzen seiner Zeit die Maßstäbe gesetzt hatte.

Die IBA sagte über sich selbst: »Unabhängig von Personen hat sich inzwischen ein System IBA mit dem

Markenzeichen ›Innovativer Politikstil und Besondere Verfahrenskultur‹ herausgebildet. ... Die Modernisierung des Ruhrgebiets muss weitergehen, und zwar nach den Zielen und Maßstäben, die mit der IBA Emscher Park formuliert worden sind.«

RVR und die Rückkehr der staatlichen Regionalplanung

Kein Zweifel: Auch in weiterer Zukunft muss der RVR Ideen und operative Möglichkeiten für die informelle Planung und deren gestaltende Kraft in der Region aufbringen. Zu Recht formulierte hier der Masterplan Emscher Landschaftspark 2010: »Das Ruhrgebiet ist die Region der Gemeinschaftsleistungen. Seit mehr als 100 Jahren haben die Akteure der Region immer wieder gemeinsame Beschlüsse gefasst, die noch heute Fundamente der Entwicklung im Ruhrgebiet sind. Auch der Emscher Landschaftspark ist eine solche Gemeinschaftsleistung. Er setzt auf Kooperation, nicht auf die Abgabe von Verantwortung.«

Mit den RVR-Reformgesetzen von 2004 und 2007 schaffte der Landtag von Nordrhein-Westfalen eine stabile Grundlage für Fortbestehen und Entwicklung der für die Zukunft des Ruhrgebiets unerlässlichen regionalen Kooperationen. Der Verband wurde Träger des Emscher-Landschaftsparks und der Route der Industriekultur, kann neue regionale Trägerschaften entwickeln und übernehmen.

Jetzt erhält der Verband die Regionalplanung zurück: Mit der Konstituierung der neuen Verbandsversammlung am 21.10.2009 übernimmt er die staatliche Planung für das Verbandsgebiet. Nach mehr als drei Jahrzehnten wird es wieder einen einheitlichen Regionalplan für die Metropole Ruhr geben.

Ein neues Kapitel auf dem Weg zur Metropole Ruhr soll beginnen und das Denken und Handeln in gemeinsamer Verantwortung für die zukunftsfähige Entwicklung des Ruhrgbiets »aus einer Hand« befördern. Erste Masterpläne, so zur »Raum- und Siedlungsstruktur« als Matrix künftiger Landesplanung in der Metropole Ruhr sind vorbereitet. Der Aufbau der neuen Organisationseinheit Regionalplanung erfolgt in großen Schritten.

Neuauflage des Memorandums Robert Schmidts

Das bedeutende Memorandum aus der Feder Robert Schmidts, das diesem übrigens 1913 auch als Inauguraldissertation an der Technischen Hochschule Aachen diente, ist seit langem vergriffen und Interessierten nur noch über einschlägige Fachbibliotheken verfügbar.

Deswegen haben wir uns entschlossen, das historische Datum, an dem jetzt dem RVR in der Tradition des früheren SVR eine neue regionalplanerische Rolle zuwächst, nicht in alltäglicher Routine verstreichen zu lassen.

Der jetzige Regionalverband Ruhr steht nicht nur rechtlich, sondern auch programmatisch in der Nachfolge und Tradition von SVR und KVR. Die erneute Übertragung der staatlichen Landesplanung nimmt er zum Anlass, um an die bis heute bedeutsamen Überlegungen seines Gründers zu erinnern und dessen großen Regionalplan von 1912 in einem Faksimile-Nachdruck der Öffentlichkeit zugänglich zu machen.

Wir danken dem Klartext Verlag, der immer wieder nicht nur große Regionalgeschichte ediert, sondern selbst ein starkes Stück publizistisches Ruhrgebiet ist. Er hat in bewährter Weise Nachdruck und Verbreitung dieses wichtigen Masterplans aus der Feder Robert Schmidts vom Anfang des vergangenen Jahrhunderts übernommen.

Es geht dabei nicht um bibliophile Reminiszenz. Der Nachdruck soll vielmehr die herausragende Bedeutung der planerischen Überlegungen dokumentieren, mit der bereits Anfang des 20. Jahrhunderts über Region als konsistente Raumfigur nachgedacht wurde.

Die in ihren grundlegenden Gedanken unverändert aktuelle Publikation findet hoffentlich viele Leser. Sie möge uns alle anspornen, die Städtelandschaft an Rhein und Ruhr unverändert als spannendes Gesamtprojekt von uns allen zu begreifen.

Heinz-Dieter Klink ist Direktor des Regionalverband Ruhr.
Dr. habil. Thomas Rommelspacher ist Bereichsleiter Planung und ständiger Vertreter des Regionaldirektors beim RVR.

Denkschrift

betreffend

Grundsätze zur Aufstellung eines General - Siedelungsplanes

für den Regierungsbezirk Düsseldorf

(rechtsrheinisch)

von R. Schmidt

Beigeordneter der Stadt Essen (1912)

Von der Königlichen Technischen Hochschule
zu Aachen zur Erlangung der Würde eines
Doktor-Ingenieurs genehmigte Dissertation

Referent: Geheimer Regierungsrat Dr.-Ing. Henrici
Korreferent: Professor Schimpff

Alle Rechte, insbesondere die Übersetzung in fremde Sprachen, vorbehalten

Blatt 1

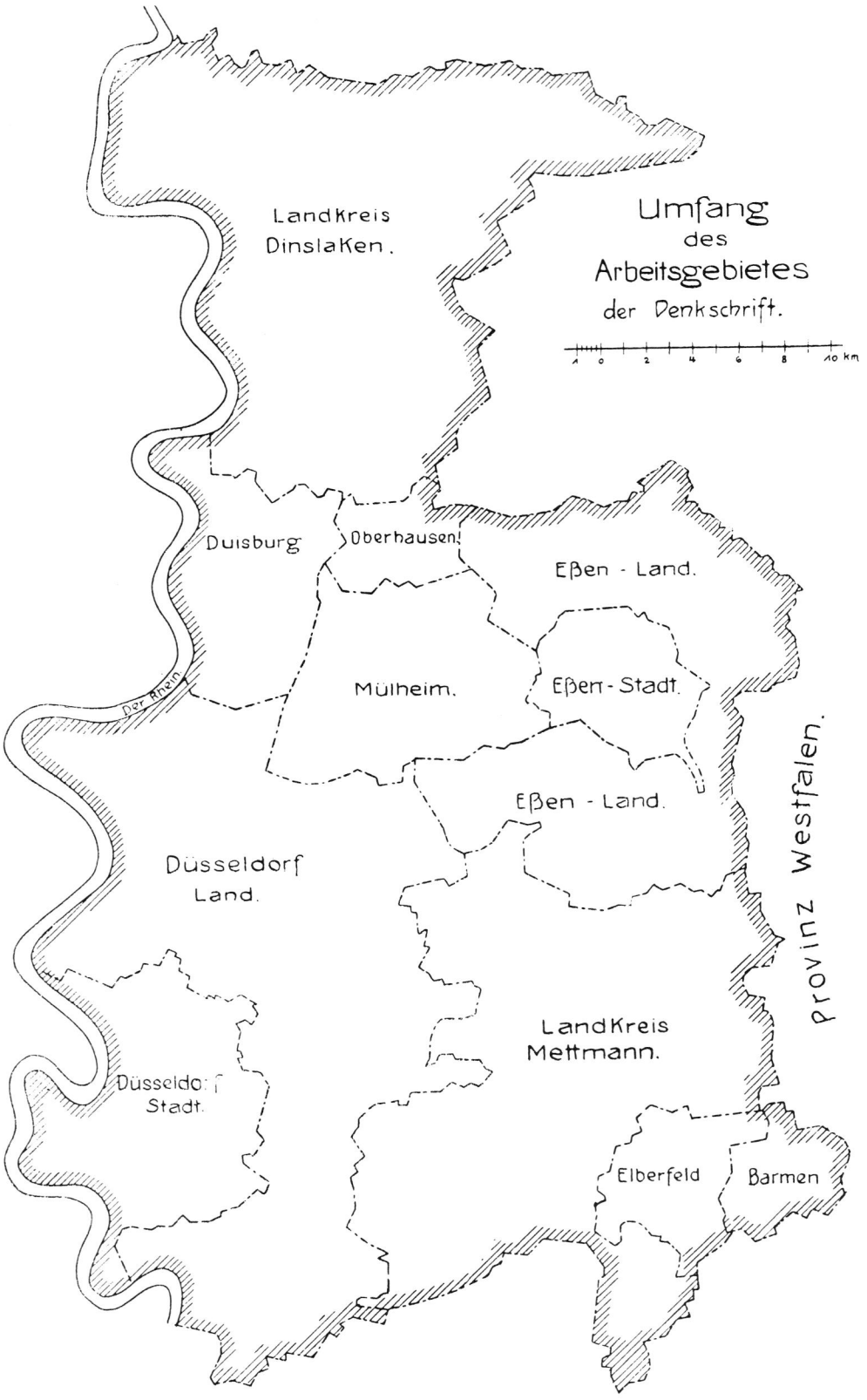

Erster Abschnitt.

Die Bevölkerung und ihre jetzige Siedelungsweise.

Anlaß zu dieser Arbeit gab zunächst der Wunsch, zu versuchen, ob es sich im Interesse der Volksgesundheit nicht ermöglichen ließe, die Grünflächen innerhalb des auf Blatt 1 bezeichneten Gebietes, welches den Betrachtungen dieser Denkschrift zugrunde liegt, zu erhalten und den Bedürfnissen entsprechend zu ergänzen. Bei Prüfung dieser Bedürfnisfrage konnten nicht nur die vorhandenen Grünflächen (Wälder und Wiesen) nach Lage, Größe und Eigentümer betrachtet, sondern es mußte auch ihre Verbindungsmöglichkeit mit den Kristallisationszentren der Bevölkerung erwogen werden. Hiermit wurde die Frage der Wege und Bahnverbindungen angeschnitten und im Interesse der einwandfreien Lösung übergegangen zu der Frage des Generalbebauungsplanes für den Bezirk.

Der Siedelungsplan.

Der Bebauungsplan über ein großes Gebiet ist aber an ganz bestimmte Voraussetzungen geknüpft, wenn er keine sinnlose Linienzusammenstellung sein soll, und dem Sachkundigen ist es ohne weiteres klar, daß er insbesondere nur dann einwandfrei aufgestellt werden kann, wenn er den für Gegenwart und Zukunft gegebenen Bedürfnissen der Bevölkerung gerecht wird, wenn er den Nährboden für die verschiedenen Lebensbedingungen der Bevölkerung enthält. Nach seiner Ausführung muß ein in allen Teilen lebensfähiger Organismus vor uns stehen. Dieser Organismus muß im Laufe seines Entstehens stets die Ergänzungs- und Erweiterungsmöglichkeit haben, ohne daß zu seiner Durchführung Zerstörungen an dem vorhandenen Organismus vorgenommen werden müssen, z. B. wird eine Parkanlage nicht im Geschäftsviertel oder da vorgesehen werden dürfen, wo die Vorbedingungen für die Anlage industrieller Werke gegeben sind und diese später entstehen.

Hauptsächliche Bedürfnisse und hiermit grundlegende Forderungen des Bebauungsplanes einer solchen Großsiedelung sind im Zeitalter der Maschinenzivilisation Rücksichtnahme auf die Trennung der gruppenweise auftretenden Wohn- und Arbeitsstätten und die Notwendigkeit der Schaffung der Erholungsstätten in Form von Grünanlagen und Spielplätzen. Wir sehen also einmal Arbeitsbezirke, dann Wohnbezirke vor uns mit ganz verschiedenen Existenzbedürfnissen, die sich gegenseitig nicht beeinträchtigen dürfen, dann aber auch Bindeglieder zwischen beiden zwecks Erleichterung des Zwischenverkehrs in Form leistungsfähiger Verkehrsstraßen und Bahnlinien. Jede Gruppe trägt einen eigenen Charakter. Die Arbeitsstätte der Großindustrie verlangt den Bahn- und Wasseranschluß, sowie zusammenhängende Blocks von großen Breiten und Tiefen. Das Wohnviertel liegt in den Winkeln zwischen breiten Verkehrsstraßen oder Bahnlinien. In ihm überwiegt bei Aufteilung in lang gestreckte schmale Baublocks die billige Wohnstraße mit geringem Verkehr bei geringer Breite.

Die billige, schmale Wohnstraße muß deshalb überwiegen, weil eine das Wohnwesen günstig beeinflussende Hausform gefördert werden soll, eine Hausform, die als Gegensatz zur „Mietskaserne" das Ideal im Kleinhaustyp als Eigenhaus sieht. Hiermit tritt als zwingende H a u p t f o r d e r u n g die Förderung der W o h n u n g s f r a g e hinzu. Und mit Recht, denn was nützt in der Tat die Schaffung der ausgedehntesten Grünflächen außerhalb der Stadt und der besten Verkehrswege dorthin, was nützen die gesundesten Arbeitsstätten, wenn der Volkskörper eng gedrängt in der Mietskaserne ein schlechtes Dasein führen muß mit all den schädlichen Folgen in gesundheitlicher, materieller, wirtschaftlicher und moralischer Beziehung. Unsere Reichshauptstadt bildet hierfür ein warnendes Beispiel. Eine arbeitsfrohe, zufriedene und glückliche Nation kann nur dann erzeugt und erhalten werden, wenn die gesamte Siedelung eine einwandfreie ist.

Die einwandfreie Siedelung bestimmt im großen der Siedelungsplan. Dieser Siedelungsplan ist nicht lediglich Bebauungsplan, sondern er wird entsprechend unserem bestehenden Rechte ergänzt durch Vorschriften auf dem Gebiete der Bau- und Wohnungspolizei. Seine Planung und Durchführung muß außerdem auch noch unter Berücksichtigung wirtschaftlicher, nationalökonomischer und sozialpolitischer

Gesichtspunkte erfolgen, und nicht zuletzt ist mit Hilfe der bildenden Künste das endgiltige Werk so zu gestalten, daß es unserem Kulturstande entsprechend nicht nur in der Zusammensetzung einwandfrei, sondern insbesondere auch ästhetisch vollauf befriedigend als Kunstwerk bezeichnet werden kann.

Ein Bebauungsplan, der in diesem Sinne ohne die erwähnten Ergänzungen nicht als Siedelungsplan aufgestellt wird, ist nicht lebensfähig; sein Körper besitzt keine Seele. Er geht von Fall zu Fall unter Vergeudung von Nationalvermögen der Vernichtung entgegen, während gleichzeitig an anderer Stelle Neuanlagen geschaffen werden müssen, die der jetzigen Generation nicht zugute kommen. Läßt es sich zum Beispiel vom nationalökonomischen Standpunkte aus rechtfertigen, wenn allgemein, insbesondere aber von dem Forstfiskus, in dem dichtbevölkerten Bezirk Wälder, „die Lungen des Volkes", bedingungslos der Industrie zur Vernichtung übereignet werden zum Schaden der jetzigen Generation und weitblickende Kommunen gezwungen sind, neue Wälder anzupflanzen, die erst kommenden Generationen nützlich sein können? Kann hier kein Mittelweg gefunden werden, der einwandfrei ist?

Nachteile infolge Fehlens eines generellen Siedelungsplanes

Aus den Ausführungen des letzten Abschnittes geht schon ohne weiteres hervor, welche Nachteile aus dem Fehlen eines generellen Siedelungsplanes entstehen. Der Stadtplan bildet einen Teil des Siedelungsplanes. Er ist sinngemäß seine verkleinerte Auflage mit der Ergänzung, daß, je näher Stadtpläne aneinanderrücken, umsomehr ihre gegenseitige Beeinflussung eintritt und den Generalplan für beide erforderlich macht. Der Stadtplan entwickelt sich sinngemäß aus dem Element der Wohn- und der Arbeitsstätte zu dem Molekül des Wohnhauses, oder des gewerblichen Betriebes, weiter zu dem Teilorganismus Wohnhausgruppe, Wohnviertel, Geschäftsviertel, Gewerbe- und Industrieviertel und muß sich mit den Beziehungen zwischen den einzelnen Teilen zum einheitlichen Organismus gestalten, wenn nicht stets wieder operative Eingriffe, Zerstörungen und Neuschöpfungen an unsicherer Stelle vorkommen müssen, die nationalökonomisch selten zu rechtfertigen sind. Wurde bei der Aufstellung des Stadtplanes nicht an die Verkehrsbedürfnisse der Zukunft gedacht, dann müssen teure Durchbrüche gemacht werden. Wurde die erste Siedelung zu eng zugelassen, dann müssen Sanierungen erfolgen. Hatte man unterlassen, zeitig genug Grünanlagen in genügendem Umfange freizuhalten, oder sich den Grund und Boden zu sichern, so müssen große Unkosten aufgewandt werden, das Versäumte nachzuholen.

Ein Beispiel aus Essen als Beleg: Essen hatte früher nur seinen Stadtgarten als Grünanlage. Er war ursprünglich 3,2673 ha groß und hatte an Grunderwerb 147 142,50 Mark oder 63,86 Mark für die Quadratrute gekostet. 1888 wurde er zum ersten Male vergrößert um 4,3306 ha mit einem Kaufpreise von 125 256,75 Mark, zu dem billigen Einheitspreise von 41,01 Mark die Quadratrute. Dann wurde 1910 hinzugekauft 0,5162 ha zu 276 640 Mark oder zu 760 Mark die Quadratrute. Hätte man diese letzte Fläche 1888 zu 41,01 Mark hinzugekauft, so hätte 1910 die Quadratrute bei 4 % Zinszuschlag 97,17 Mk. gekostet, tatsächlich wurde für sie 682 % mehr gezahlt.

Dieselben Bedürfnisse treten in vergrößertem Umfange auf, wenn die Städte aneinanderrücken, und hier soll der Generalsiedelungsplan helfen. Er bestimmt zunächst, daß gewisse Landstreifen wie Bänder zwischen den Städten von der Bebauung frei bleiben müssen, ohne unmittelbar zu verlangen, daß hier etwa breite Straßen oder Bahnlinien sofort ausgebaut werden sollen; diese Sorge kann der Zukunft überlassen bleiben. Es soll jetzt im nationalökonomischen Interesse nur der Raum von unter- und oberirdischen Bauwerken frei bleiben. Die Fläche kann genau so genutzt und zur Rente gebracht werden, wie das weiter zurückliegende sogenannte Hinterland, darf aber auch aus diesem Grunde später nicht etwa von intelligenten Taxatoren als Bauland geschätzt werden, wenn sie im öffentlichen Interesse in Anspruch genommen wird.

Dann bestimmt der Generalsiedelungsplan unabhängig von den politischen Grenzen die Flächen, welche für Wohnstätten besonders geeignet sind, etwa in der Nähe von Großgrünflächen und im Zuge dorthin, damit nicht eine Gemeinde mit später entstehenden industriellen Anlagen Wohnviertel und Grünanlagen der andern Gemeinde benachteiligt oder gar tötet. Sinngemäß bestimmt er auch die Flächen für die Großindustrie. Der Ausbau wird durch systematisch verteilte Bauvorschriften gesichert.

Ferner gibt er die Lage der Volkserholungsstätten, die Luftregeneratoren des ganzen Bezirks, die Großgrünflächen an, und endlich sucht er durch Anordnungen die Umgebung dieser Landschaftsteile vor Verunstaltung zu schützen. Der Generalsiedelungsplan resultiert also aus den Einzelbedürfnissen der Stadtsiedelung, den Beziehungen zwischen den Stadtsiedelungen und den Großbedürfnissen aus ihrem Zusammenschluß zum Gesamtorganismus. Fehlt für diesen der generelle Plan, dann treten in gewissen-

Tabelle 1.

Altenessen (einschl. Carnap).

Jahr	Bevölkerung	Zunahme im Jahrfünft		Bemerkungen
1871	10 723			
		3 142	29,3%	
1875	13 865			
		687	5,0%	
1880	14 552			
		2 972	20,4%	
1885	17 524			
		2 653	15,1%	
1890	20 177			
		3 478	17,2%	
1895	23 655			
		9 768	41,3%	
1900	33 423			
		5 487	16,4%	
1905	38 910			
		8 393	21,6%	
1910	47 303			

Die Zunahme beträgt im Mittel 20,8%; hervorgerufen durch den außergewöhnlichen Zuwachs in dem Abschnitt 1895 bis 1900 mit 41,3%. Nimmt man in diesem Abschnitt das Mittel mit 20,8% an, um die außergewöhnliche Zunahme, welche kaum wiederkehren wird, auszuschalten, so beträgt der mittlere Zuwachs im Jahrfünft 18,2% und es wäre 1930 mit 92 000 Seelen Bevölkerung zu rechnen. Endlich wäre 1953 das Gebiet von Altenessen ganz bevölkert bei Annahme von 125 Menschen pro Hektar, die starke Zunahme von 1895 bis 1900 beruht auf der Vergrößerung des Bergbaubetriebs.

Tabelle 2.

Barmen.

Jahr	Bevölkerung	Zunahme im Jahrfünft		Bemerkungen
1871	74 449			
		12 055	16,2%	
1875	86 504			
		9 437	10,9%	
1880	95 941			
		7 127	7,5%	
1885	103 068			
		13 076	12,6%	
1890	116 144			
		10 848	9,3%	
1895	126 992			
		14 952	11,8%	
1900	141 944			
		14 136	10,0%	
1905	156 080			
		13 134	8,4%	
1910	169 214			

Die Zunahme beträgt im Mittel 10,8% ohne wesentliche Abweichung hiervon in den einzelnen Abschnitten.

Tabelle 3.

Borbeck.

Jahr	Bevölkerung	Zunahme im Jahrfünft		Bemerkungen
1871	27 314			
		— 7 269	— 26,6%	Ausgemeindung von Altendorf
1875	20 045			
		1 547	7,7%	
1880	21 592			
		3 009	13,9%	
1885	24 601			
		4 106	16,7%	
1890	28 707			
		6 104	21,3%	
1895	34 811			
		12 406	35,6%	
1900	47 217			
		12 336	26,1%	
1905	59 553			
		11 553	19,4%	
1910	71 106			

Die Zunahme beträgt im Mittel, abgesehen von den Ausgemeindungen, 20,1%. Bei Einsetzen des Mittelwertes von 20,1% an Stelle von 35,6% in dem Jahrfünft 1900 bis 1905 ergibt sich ein neuer Mittelwert von 17,9%. Wird diese Zunahme der weiteren Vergrößerung zugrunde gelegt, so ergibt sich im Jahre 1930 eine Bevölkerung von 137 000 Menschen. Bei 125 Menschen pro Hektar ist die Fläche 1963 völlig bevölkert. Die starke Zunahme von 1900 bis 1905 ist in dem starken wirtschaftlichen Aufschwung begründet.

Tabelle 4.

Bredeney.

Jahr	Bevölkerung	Zunahme im Jahrfünft		Bemerkungen
1871	3 028			
		— 243	— 8,7%	
1875	2 785			
		152	5,5%	
1880	2 937			
		289	9,8%	
1885	3 226			
		687	21,3%	
1890	3 913			
		736	18,8%	
1895	4 649			
		1 209	26,0%	
1900	5 858			
		1 101	18,8%	
1905	6 959			
		1 490	21,4%	
1910	8 449			

Die Zunahme beträgt im Mittel 14,1%. Wird an Stelle der starken Zunahme von 26% das Mittel 14,1% eingesetzt, so ergibt sich als neues Mittel 12,6%. Damit weiter gerechnet, ergibt sich für 1930 eine Menschenmenge von 13 600 und, eine gleichmäßige Bevölkerung von 125 Menschen pro Hektar angenommen, im Jahre 2045 die Besiedelung der ganzen Gemeinde. Die Ursache der starken Zunahme in einzelnen Jahrfünften ist mit dem großen wirtschaftlichen Aufschwung zu begründen.

Tabelle 5.

Caternberg.

Jahr	Bevölkerung	Zunahme im Jahrfünft		Bemerkungen
1871	2 075			
		1 320	63,5%	
1875	3 395			
		844	24,9%	
1880	4 239			
		900	21,3%	
1885	5 139			
		2 511	48,9%	
1890	7 650			
		2 611	34,2%	
1895	10 261			
		5 113	49,7%	
1900	15 374			
		1 584	10,4%	
1905	16 958			
		204	1,2%	
1910	17 162			

Die Zunahme beträgt im Mittel 31,8%. Wird anstatt der Zunahme von 63,5%, 48,9% und 49,7% der Mittelwert von 31,8% eingesetzt, dann ergibt sich ein neues Mittel von 23,4% und eine Bevölkerung von 39 800 Menschen im Jahre 1930. 1940 wäre das Gebiet bei Annahme von 125 Menschen pro Hektar völlig bevölkert. Die großen Zunahmen in den verschiedenen Jahrfünften beruhen auf der Vergrößerung der Bergbaubetriebe und der damit verbundenen Nebenanlagen, wie Kokereien, Ringofenziegeleien usw.

Tabelle 6.

Landkreis Dinslaken.

Jahr	Bevölkerung	Zunahme im Jahrfünft		Bemerkungen
1871	—			
1875	—			
1880	—			
1885	—			
1890	80 145			
		18 996	23,7%	
1895	99 141			
		47 005	47,4%	
1900	146 146			
		— 16 966	— 11,6%	Ausg. von Ruhrort und Meiderich.
1905	129 180			
		— 50 381	— 39,0%	Ausg. von Hamborn.
1910	78 799			

Die Zunahme beträgt im Mittel, abgesehen von den Ausgemeindungen, 35,6%.

Tabelle 7.

Duisburg.

Jahr	Bevölkerung	Zunahme im Jahrfünft		Bemerkungen
1871	30 533			
1875	37 380	6 847	22,4%	
1880	41 242	3 862	10,3%	
1885	47 519	6 277	15,2%	
1890	59 285	11 766	24,8%	
1895	70 272	10 987	18,5%	
1900	92 730	22 458	31,9%	
1905	192 346	99 616	107,4%	Eing. von Ruhrort und Meiderich.
1910	229 483	37 137	19,3%	

Die Zunahme beträgt im Mittel, abgesehen von den Eingemeindungen, 20,3%. Anstatt der außergewöhnlichen Zunahme von 31,9% das Mittel 20,3% eingesetzt, ergibt ein neues Mittel von 18,7% und eine Bevölkerung von 440 000 Menschen im Jahre 1930. 125 Menschen pro Hektar auf dem ganzen Gebiet sind 1950 erreicht. Der allgemeine wirtschaftliche Aufschwung und die dadurch bedingte Vergrößerung bestehender Fabriken sind der Grund der starken Bevölkerungszunahme in einzelnen Jahrfünften.

Tabelle 8.

Düsseldorf (Land)

Jahr	Bevölkerung	Zunahme im Jahrfünft		Bemerkungen
1871	46 616			
1875	49 189	2 573	5,5%	
1880	52 994	3 805	7,7%	
1885	57 460	4 466	8,4%	
1890	65 950	8 490	14,8%	
1895	74 908	8 958	13,6%	
1900	96 579	21 671	28,9%	
1905	117 431	20 852	21,6%	
1910	90 915	— 26 516	— 22,6%	Ausgemeindung von Rath, Eller, Heerdt, Ludenberg usw.

Die Zunahme beträgt im Mittel, abgesehen von den Ausgemeindungen, 14,4%. Statt der Zunahme von 28,9% in dem Jahrfünft von 1895 bis 1900 wird das Mittel von 14,4% eingesetzt und ergibt 12,3% als neues Mittel. Damit weitergerechnet stellt sich die Bevölkerung auf 144 000 Menschen im Jahre 1930. Eine Bevölkerung von 125 Menschen pro Hektar durchschnittlich wäre im Jahre 2072 erreicht.

Tabelle 9.

Düsseldorf (Stadt).

Jahr	Bevölkerung	Zunahme im Jahrfünft		Bemerkungen
1871	69 365			
		11 330	16,4%	
1875	80 695			
		14 763	18,3%	
1880	95 458			
		19 732	20,7%	
1885	115 190			
		29 452	25,5%	
1890	144 642			
		31 343	21,6%	
1895	175 985			
		37 726	21,5%	
1900	213 711			
		39 563	18,6%	
1905	253 274			
		105 454	41,6%	Eingemeindung von Rath, Eller, Heerdt, Ludenberg.
1910	358 728			

Die Zunahme beträgt im Mittel, abgesehen von den Eingemeindungen, 20,4%. Die Abweichungen der Zunahme in den einzelnen Jahrfünften von diesem Mittel ist keine nennenswerte.

Tabelle 10.

Elberfeld.

Jahr	Bevölkerung	Zunahme im Jahrfünft		Bemerkungen
1871	71 384			
		9 205	12,9%	
1875	80 589			
		12 949	16,1%	
1880	93 538			
		12 961	13,9%	
1885	106 499			
		19 400	18,2%	
1890	125 899			
		13 438	10,7%	
1895	139 337			
		17 629	12,7%	
1900	156 966			
		5 887	3,8%	
1905	162 853			
		7 342	4,5%	
1910	170 195			

Die Zunahme beträgt im Mittel 11,6%. Die Zunahme in den einzelnen Jahrfünften weichen nicht sehr stark von diesem Mittel ab.

Tabelle 11.

Essen (Land).

Jahr	Bevölkerung	Zunahme im Jahrfünft		Bemerkungen
1871	83 523			
		25 194	30,2%	
1875	108 717			
		9 187	8,5%	
1880	117 904			
		18 238	15,5%	
1885	136 142			
		26 861	19,7%	
1890	163 003			
		34 946	21,4%	
1895	197 949			
		86 130	43,5%	
1900	284 079			
		— 39 593	— 13,9%	Ausgemeindung von Altendorf u. Rüttenscheid.
1905	244 486			
		32 318	13,2%	Ausgemeindung von Rellinghausen, Huttrop, Fulerum.
1910	276 804			

Die Zunahme beträgt im Mittel, abgesehen von den Ausgemeindungen, 23,1%. Die Berechnung des Landkreises scheidet aus, weil die einzelnen Gemeinden desselben berechnet sind.

Tabelle 12.

Essen (Stadt).

Jahr	Bevölkerung	Zunahme im Jahrfünft		Bemerkungen
1871	51 513			
		3 277	6,4%	
1875	54 790			
		2 154	3,9%	
1880	56 944			
		8 120	14,2%	
1885	65 064			
		13 642	20,9%	
1890	78 706			
		17 422	22,1%	
1895	96 128			
		22 734	23,6%	
1900	118 862			
		112 498	94,6%	Eing. von Altendorf und Rüttenscheid.
1905	231 360			
		63 293	27,4%	Eing. von Huttrop, Rellinghausen u. Teile von Fulerum.
1910	294 653			

Die Zunahme beträgt im Mittel, abgesehen von den Eingemeindungen, 15,2%.
Zahl der Kruppschen Arbeiter:
1871: 8 810. 1875: 11 671. 1880: 9 743. 1885: 10 653. 1890: 15 936. 1895: 17 673. 1900: 25 952. 1905: 31 683. 1910: 37 002.

Tabelle 13.

Frillendorf.

Jahr	Bevölkerung	Zunahme im Jahrfünft		Bemerkungen
1871	174			
1875	511	337	193,7%	
1880	510	— 1	— 0,2%	
1885	577	67	13,1%	
1890	570	— 7	— 1,2%	
1895	654	84	14,7%	
1900	1 371	717	109,6%	
1905	2 171	800	58,4%	
1910	3 188	1 017	46,8%	

Die Zunahme beträgt im Mittel 54,4%. Statt der starken Zunahme von 193,7% und 109,6% wird das Mittel von 54,4% eingesetzt und als neues Mittel 30,1% berechnet. 1930 ergibt sich dann eine Bevölkerung von 9100 Menschen. Eine Bevölkerung von 125 Menschen durchschnittlich pro Hektar wäre 1953 erreicht. Die starke Bevölkerungszunahme in einzelnen Jahrfünften ist auf die Vergrößerung vorhandener Zechenanlagen zurückzuführen.

Tabelle 14.

Heisingen.

Jahr	Bevölkerung	Zunahme im Jahrfünft		Bemerkungen
1871	1 886			
1875	2 172	286	15,2%	
1880	2 404	232	10,7%	
1885	2 343	— 61	— 2,5%	
1890	2 514	171	7,3%	
1895	2 769	255	10,1%	
1900	3 353	584	21,1%	
1905	4 129	776	23,2%	
1910	4 747	618	14,9%	

Die Zunahme beträgt im Mittel 12,5%. Bei der geringeren Bevölkerungszahl spielt die Abweichung vom Mittel keine Rolle.

Tabelle 15.

Kettwig (Land)

Jahr	Bevölkerung	Zunahme im Jahrfünft		Bemerkungen
1871	955			
1875	732	− 223	− 23,4%	
1880	808	76	10,4%	
1885	862	54	6,7%	
1890	895	33	3,8%	
1895	850	− 45	− 5,0%	
1900	964	114	13,4%	
1905	844	− 120	− 12,5%	
1910	856	12	1,4%	

Hier findet periodenweise eine Abnahme der Bevölkerung statt.

Tabelle 16.

Kettwig (Stadt).

Jahr	Bevölkerung	Zunahme im Jahrfünft		Bemerkungen
1871	3 069			
1875	3 224	155	5,1%	
1880	3 402	178	5,5%	
1885	4 234	832	24,5%	
1890	5 293	1 059	25,0%	
1895	6 016	723	13,7%	
1900	6 228	212	3,5%	
1905	6 097	− 131	− 2,1%	
1910	6 742	645	10,6%	

Die Zunahme beträgt im Mittel 10,7%. Für die abnorme Zunahme von 24,5% und 25% wird das Mittel von 10,7% gesetzt und 7,2% als neues Mittel berechnet. Das ergibt 1930 eine Bevölkerung von 8900 Menschen. Im Jahre 2025 könnten pro Hektar 125 Menschen durchschnittlich wohnen.

Tabelle 17.

Kray.

Jahr	Bevölkerung	Zunahme im Jahrfünft		Bemerkungen
1871	553			
		822	148,5%	
1875	1 375			
		1 047	76,1%	
1880	2 422			
		682	28,2%	
1885	3 104			
		883	28,5%	
1890	3 987			
		968	24,3%	
1895	4 955			
		3 560	72,0%	
1900	8 515			
		4 275	50,2%	
1905	12 790			
		5 066	39,6%	
1910	17 856			

Die Zunahme beträgt im Mittel 58,4%. Bei Einsetzen des Mittelwerts von 58,4% anstatt 148,5% ergibt sich ein neuer Mittelwert von 46,2% und damit eine Bevölkerung von 82 000 Menschen im Jahr 1930. Eine Bevölkerung von 125 Menschen pro Hektar ist 1928 vorhanden, 1930 tritt demnach schon die Bevölkerung des ganzen Gebietes ein. Die abnorme Zunahme ist begründet in der Vergrößerung des Westdeutschen Eisenwerks und der Zeche Katharina, in der Schaffung guter Wegeverhältnisse und der Kanalisation und endlich in der Erhebung zur eigenen Bürgermeisterei.

Tabelle 18.

Kupferdreh (einschl. Byfang).

Jahr	Bevölkerung	Zunahme im Jahrfünft		Bemerkungen
1871				
1875	4 223			
		332	7,9%	
1880	4 555			
		393	8,6%	
1885	4 948			
		975	19,7%	
1890	5 923			
		1 295	21,9%	
1895	7 218			
		3 212	44,5%	
1900	10 430			
		451	4,3%	
1905	10 881			
		1 310	12,0%	
1910	12 191			

Die Zunahme beträgt im Mittel 17,0%. Bei Einsetzen des Mittelwerts anstatt 44,5% ergibt sich ein neues Mittel von 13,2% und damit eine Bevölkerung von 20 000 Menschen im Jahre 1930. Eine Bevölkerung von 125 Menschen pro Hektar kann erst im Jahre 2025 erwartet werden. Der Grund der starken Zunahme ist in der starken Bautätigkeit zu suchen.

Tabelle 19.

Leithe.

Jahr	Bevölkerung	Zunahme im Jahrfünft		Bemerkungen
1871	249			
1875	262	13	5,2%	
1880	263	1	0,4%	
1885	263	0	0%	
1890	281	18	6,8%	
1895	413	132	47,0%	
1900	467	54	13,1%	
1905	1 113	646	138,3%	
1910	1 511	398	35,8%	

Die Zunahme beträgt im Mittel 30,8%. Die Abweichungen in den einzelnen Jahrfünften spielen bei der geringen Bevölkerungszahl keine Rolle.

Tabelle 20.

Mettmann (Landkreis).

Jahr	Bevölkerung	Zunahme im Jahrfünft		Bemerkungen
1871	54 037			
1875	58 081	4 044	7,5%	
1880	63 332	5 251	9,0%	
1885	69 783	6 451	10,2%	
1890	75 442	5 659	8,1%	
1895	80 744	5 302	7,0%	
1900	92 489	11 745	14,5%	
1905	103 867	11 378	12,3%	
1910	115 442	11 575	11,1%	

Die Zunahme beträgt im Mittel 9,96%. Die Zunahmen in den einzelnen Jahrfünften weichen nicht stark von dem Mittel ab.

Tabelle 21.

Mülheim (Land).

Jahr	Bevölkerung	Zunahme im Jahrfünft		Bemerkungen
1871	106 962			
1875	124 425	17 463	16,3%	
1880	132 699	8 274	6,6%	
1885	151 335	18 636	14,0%	
1890	98 342	— 52 993	— 35,0%	Abtrennung des Kreises Dinslaken.
1895	114 897	16 555	16,8%	
1900	150 959	36 062	31,4%	
1905	34 688	— 116 271	— 77,0%	Ausgemeindung von Speldorf, Broich-Saarn.
1910	—	am 1. 4. 1910 aufgelöst.		

Die Zunahme beträgt im Mittel, abgesehen von den Ausgemeindungen, 17,1%. Der Landkreis ist am 1. 4. 1910 aufgelöst.

Tabelle 22.

Mülheim (Stadt).

Jahr	Bevölkerung	Zunahme im Jahrfünft		Bemerkungen
1871	14 267			
1875	15 277	1 010	7,1%	
1880	22 146	6 869	44,9%	Eingem. v. Eppinghofen u. Mellinghofen.
1885	24 465	2 319	10,5%	
1890	27 903	3 438	14,1%	
1895	31 429	3 526	12,7%	
1900	38 280	6 851	21,8%	
1905	93 599	55 319	144,5%	Eingem. v. Speldorf, Broich pp.
1910	112 580	18 981	20,3%	Eingem. v. Alstaden u. Dümpten.

Die Zunahme beträgt im Mittel, abgesehen von den Eingemeindungen, 13,2%. Für die Zunahme von 21,8% den Mittelwert von 13,2% gesetzt, ergibt ein neues Mittel von 11,7% und eine Bevölkerung von 172 000 Menschen im Jahr 1930. Pro Hektar 125 Menschen auf dem ganzen Gebiet können erst im Jahre 2007 angenommen werden. Die große Bevölkerungszunahme von 1895 bis 1900 ist in dem starken wirtschaftlichen Aufschwung zu suchen.

Tabelle 23.

Oberhausen.

Jahr	Bevölkerung	Zunahme im Jahrfünft		Bemerkungen
1871	12 805			
		2 671	20,9%	
1875	15 476			
		1 204	7,8%	
1880	16 680			
		3 691	22,1%	
1885	20 371			
		4 878	23,9%	
1890	25 249			
		4 905	19,4%	
1895	30 154			
		11 994	39,8%	
1900	42 148			
		10 018	23,8%	
1905	52 166			
		37 734	72,3%	Eingemeindung von Dümpten, Alstaden, Styrum.
1910	89 900			

Die Zunahme beträgt im Mittel, abgesehen von den Eingemeindungen, 22,5%. Statt 39,8% das Mittel von 22,5% gesetzt, ergibt ein neues Mittel von 20,1% oder 187 000 Menschen im Jahre 1930. Im Jahre 1939 kann das ganze Gebiet mit einer Bevölkerung von 125 Menschen pro Hektar als besiedelt angenommen werden. Die große Bevölkerungszunahme ist durch starken Geburtenüberschuß hervorgerufen.

Tabelle 24.

Rotthausen.

Jahr	Bevölkerung	Zunahme im Jahrfünft		Bemerkungen
1871	1 911			
		1 397	73,1%	
1875	3 308			
		770	23,3%	
1880	4 078			
		1 339	32,9%	
1885	5 417			
		2 548	47,1%	
1890	7 965			
		3 699	46,4%	
1895	11 664			
		4 936	42,4%	
1900	16 600			
		4 530	27,5%	
1905	21 130			
		4 627	21,9%	
1910	25 757			

Die Zunahme beträgt im Mittel 39,3%. Für 73,1% wird das Mittel 39,3% eingesetzt und 35,4% als neues Mittel berechnet. Für 1930 ergibt sich dann eine Bevölkerung von 86 500 Menschen. Im Jahre 1929 ist die gleichmäßige Besiedelung von 125 Menschen pro Hektar vorhanden, demnach im Jahre 1930 schon eine stärkere Bevölkerungsdichte als 125 Menschen erreicht. Der starke Bevölkerungszuwachs ist hervorgerufen durch die Vergrößerung der Zeche Dahlbusch.

Tabelle 25.

Schonnebeck.

Jahr	Bevölkerung	Zunahme im Jahrfünft		Bemerkungen
1871	1 196			
1875	1 711	515	43,1%	
1880	1 915	204	11,9%	
1885	2 539	624	32,6%	
1890	3 097	558	21,9%	
1895	3 603	506	16,3%	
1900	6 544	2 941	81,6%	
1905	7 268	724	11,1%	
1910	8 898	1 630	22,4%	

Die Zunahme beträgt im Mittel 30,1%. Für 81,6% das Mittel 30,1% gesetzt, ergibt 23,7% als neues Mittel und eine Bevölkerung von 21 000 Menschen im Jahre 1930. 1949 kann das ganze Gebiet mit 125 Menschen pro Hektar als besiedelt angenommen werden. Der allgemeine wirtschaftliche Aufschwung und die damit verbundene Vergrößerung der Zechenanlagen sind die Ursachen der starken Bevölkerungszunahmen.

Tabelle 26.

Steele.

Jahr	Bevölkerung	Zunahme im Jahrfünft		Bemerkungen
1871	—	—	—	
1875	5 863			
1880	7 284	1 421	24,2%	
1885	8 178	894	12,2%	
1890	9 055	877	10,7%	
1895	10 069	1 014	11,2%	
1900	12 243	2 174	21,6%	
1905	12 988	745	6,1%	
1910	14 487	1 499	11,5%	

Die Zunahme beträgt im Mittel 13,1%. Für die hohen Zunahmen von 24,2% und 21,6% wird das Mittel von 13,1% eingesetzt und 11,1% als neues Mittel berechnet. Die Bevölkerung im Jahre 1930 beträgt dann 22 300 Menschen. Eine Besiedelung von 125 Menschen pro Hektar wäre dann 1949 erreicht auf dem ganzen Gebiet.

Tabelle 27.

Stoppenberg.

Jahr	Bevölkerung	Zunahme im Jahrfünft		Bemerkungen
1871	1 934			
		760	39,3%	
1875	2 694			
		193	7,2%	
1880	2 887			
		385	13,3%	
1885	3 272			
		574	17,5%	
1890	3 846			
		909	23,6%	
1895	4 755			
		3 164	66,5%	
1900	7 919			
		988	12,5%	
1905	8 907			
		3 113	35,0%	
1910	12 020			

Die Zunahme beträgt im Mittel 26,9%. Wird dieses Mittel für die Zunahme von 66,5% eingesetzt, so ergibt sich ein neues Mittel von 21,9% und eine Bevölkerung von 26 500 Menschen im Jahre 1930. Eine Bevölkerung von 125 Menschen pro Hektar ist 1953 auf dem ganzen Gebiete erreicht. Durch Abteufen neuer Schächte der Zeche Zollverein sind große Arbeitervermehrungen notwendig gewesen.

Tabelle 28.

Überruhr.

Jahr	Bevölkerung	Zunahme im Jahrfünft		Bemerkungen
1871	2 773			
		150	5,4%	
1875	2 923			
		28	1,0%	
1880	2 951			
		334	11,3%	
1885	3 285			
		214	6,5%	
1890	3 499			
		— 5	— 0,14%	
1895	3 494			
		581	16,7%	
1900	4 075			
		— 155	— 3,8%	
1905	3 920			
		291	7,4%	
1910	4 211			

Die Zunahme beträgt im Mittel 5,6%. Für 16,7% 5,6% gesetzt, ergibt ein neues Mittel von 3,9% und damit 4900 Menschen im Jahre 1930. Die Besiedelung des ganzen Gebietes kommt nicht in Frage. Der starke wirtschaftliche Aufschwung ist auch hier der Grund der großen Bevölkerungszunahmen.

Tabelle 29.

Werden (Land).

Jahr	Bevölkerung	Zunahme im Jahrfünft		Bemerkungen
1871	5 208 einschl. Kupferdreh			Ausgemeindung von Kupferdreh.
1875	3 184	— 2 024	— 38,9%	
1880	3 318	134	4,2%	
1885	3 555	237	7,2%	
1890	3 835	280	7,9%	
1895	4 266	431	11,2%	
1900	4 993	727	17,0%	
1905	5 541	548	11,0%	
1910	6 011	470	8,5%	

Die Zunahme beträgt im Mittel 3,6%. Die Abweichungen üben bei der geringen Bevölkerungszahl keinen Einfluß aus.

Tabelle 30.

Werden (Stadt).

Jahr	Bevölkerung	Zunahme im Jahrfünft		Bemerkungen
1871	5 283			
1875	6 712	1 429	27,1%	
1880	7 590	878	13,1%	
1885	7 970	380	5,0%	
1890	8 838	868	10,9%	
1895	9 413	575	6,5%	
1900	10 701	1 288	13,7%	
1905	11 029	328	3,0%	
1910	11 741	712	6,45%	

Die Zunahme beträgt im Mittel 10,7%. Für die außergewöhnliche Zunahme von 27,1% wird das Mittel von 10,7% gesetzt und 8,7% als neues Mittel berechnet. Die Bevölkerung im Jahre 1930 beträgt danach 16 400 Menschen. 1950 könnte dann pro Hektar 125 Menschen auf dem ganzen Gebiet angenommen werden.

hafter und unerbittlicher Reihenfolge die Nachteile ein und verlangen gebieterisch ihre Beseitigung unter Aufwendung von enormen Kosten, die sonst vermeidbar gewesen wären. Der Staat sträubt sich jetzt, im Landkreise Essen eine dringend notwendige Verbindungskurve zwischen zwei Staatsbahnlinien anzulegen, weil infolge des hohen Grunderwerbs der Kilometer eine Million Mark kostet. Warum dachte er nicht eher daran? In Großberlin kostet schätzungsweise die Einlegung leistungsfähiger Personentransportbahnen je nach Charakter 2 bis 10 Millionen Mark für einen Kilometer Bahnlänge, weil man in der Siedelung nicht zeitig genug die Verkehrsbandflächen frei gelassen hat.

Der Generalsiedelungsplan will das geordnete Zusammenleben der Menschenmassen regeln, so daß nicht immer wieder Mißstände entstehen aus sich widerstreitenden Bedürfnissen. Er soll am letzten Ende helfen, die öffentliche Gesundheitspflege zur höchsten Wirksamkeit zu bringen.

Gewiß ist die öffentliche Gesundheitspflege durch die Bekämpfung der Krankheiten und ihrer Ursachen, durch Förderung der Körperpflege in Luft- und Wasser-Badeanstalten, auf Sport- und Spielplätzen, durch Einführung der Nahrungsmittel-Kontrolle, durch die Säuglingsfürsorge sehr gefördert. Durch die planmäßige Einführung der zentralen Wasserversorgung und die durch sie erzwungene systematische Abführung und Unschädlichmachung der Abwässer in Kanalisations- und Klärsysteme, durch den Straßenbau und die Straßenreinigung, durch die Schaffung von Grünflächen aller Art, insbesondere Freigabe von Wäldern sind bereits schöne Resultate erreicht. Die in früherer Zeit regelmäßig, beinahe gesetzmäßig wiederkehrenden Volksseuchen bleiben aus. Die Sterblichkeitsziffer pro Tausend der Bevölkerung geht seit zehn Jahren beständig zurück. Sie betrug in den Städten des Bezirkes nach den Erfolgen geordnet

Im Jahre	1900	1905	1910
Barmen	18,93	14,9	11,21
Elberfeld	19,54	15,8	11,97
Düsseldorf	20,37	17,0	12,27
Essen	25,84	15,5	12,35
Mülheim	22,70	15,4	12,66
Oberhausen	23,10	19,55	15,03
Duisburg	28,74	19,10	17,07

Es lassen sich deutlich drei Gruppen unterscheiden. Einmal die Bergstädte an der Wupper, deren Straßensteigungen ihren Bewohnern dauernd eine gesunde Herz- und Lungentätigkeit verschaffen und die ihre Grünflächen bis dicht an die Stadthänge heran erhalten konnten, weil sich dort der Bebauung zu viel Schwierigkeiten boten und sie erst in neuester Zeit notwendig wurde. Dann die Städte Düsseldorf und Essen, besonders die letztere, wo der Sterblichkeitsrückgang in 10 Jahren von ca. 25,84 auf 12,35 in einem Maße zu verzeichnen ist, wie sonst nirgends. Sie haben besonders viel für die Gesundung des Stadtgebietes getan. Mülheim mit seiner angestammten niedrigen und freien Bebauung schließt sich ihnen an, ohne bisher besonders hervorragende Maßnahmen getroffen zu haben. Oberhausen und Duisburg endlich stehen am schlechtesten; hier bleibt zurzeit noch das meiste zu tun übrig.

Aber alle diese Maßnahmen müssen nur als Palliationen bezeichnet werden, solange nicht die Wohnungsfrage in ganz großen Zügen durch den Generalsiedelungsplan gelöst wird. Also ein Generalsiedelungsplan ist notwendig über Berg und Tal, Wald und Fluß, Stadtkreis und Landkreis. Er kann auch jetzt aufgestellt werden, weil wir die Daten und Schlüsse hierfür finden können.

Bevölkerung.

Bevölkerungsstand. Der Stand der Bevölkerung ist nach den Ergebnissen der Volkszählung auf vorstehenden Tabellen 1 bis 30 im wesentlichen für die einzelnen Gemeinwesen ermittelt. Es ist jedesmal der Bevölkerungsstand des Zähltages angegeben, dann die Bevölkerungszunahme im Jahrfünft nach absoluter Zahl und Prozentsatz.

Sieht man von den Eingemeindungen ab und betrachtet die Bevölkerungszunahme der Orte an sich, so findet sich die stärkste Zunahme in dem Niederschlagsgebiet der Emscher und hier insbesondere im Landkreis Essen. Abgesehen vom Anfang der 70er Jahre, so sind hier in dem Zeitabschnitte 1895 bis 1900 z. B. folgende prozentuale Zunahmen zu verzeichnen:

Borbeck 35,6 %, Altenessen 41,3 %, Rotthausen 42,4 %, 1885 bis 1895 noch mehr, nämlich rund 47 %, Caternberg 49,7 %, Stoppenberg 66,5 %, Kray 72 %, Schonnebeck 81,6 %, Frillendorf 109,6 % und Leithe in dem Abschnitte 1900 bis 1905 138,3 %.

Ein wesentlich langsameres Wachstum zeigen die Städte unmittelbar an der Ruhr. Mülheim hatte 1895 bis 1900 einen Zuwachs von 21,8 %, Kettwig Stadt und Land, auch Ueberruhr nahmen zeitweise sogar ab. Seit 1890 wächst Werden Land stärker wie Werden Stadt, beide sind aber bedeutungslos in der Entwicklung des übrigen Bezirkes. Kupferdreh hatte 1895 bis 1900 einen Zuwachs von 44,5 %, wächst aber seitdem wesentlich langsamer. Duisburg hatte 1895 bis 1900 31,9 %, Oberhausen 39,8 % Zuwachs.

Die Wupperstädte wachsen langsamer. Elberfeld hatte sein Maximum 1885 bis 1890 mit 18,2 %, Barmen mit 12,6 %, im gleichen Zeitabschnitt Düsseldorf Stadt mit 25,5 %, Düsseldorf Land 1895 bis 1900 mit 28,9 %.

Zusammengefaßt ist ferner für die Gemeinden und Landkreise übersichtlich für den Zeitabschnitt von 1871 bis 1910 auf Blatt 2 die Bevölkerungszunahme graphisch aufgetragen. Die zugrunde gelegten Darstellungen der einzelnen Kreise sind so zu einander gruppiert, daß der Übergang der Bevölkerung bei Ein- oder Ausgemeindungen deutlich in Abnahme und Zunahme zu ersehen ist. Auch hier zeigt sich charakteristisch der Unterschied der Bevölkerungsbewegung, wenn z. B. die Kurven der Wupperstädte mit denjenigen der nördlicheren Städte verglichen werden.

Allgemein ist zu beachten, daß der Bevölkerungsstand des Bezirkes im Jahre 1871 insgesamt 602 076 war. Dieser Bevölkerungsstand wuchs, abgesehen von Eingemeindungen, zwischen 3,7 % und 47,5 % in den einzelnen Teilen des Bezirks an. Das größte Wachstum hatten der Landkreis Essen mit 35 % und der Landkreis Ruhrort sogar mit 47,5 % in dem Zeitabschnitt 1895 bis 1905. Im ganzen hier in Frage kommenden Bezirk war im Jahre 1910 der Stand der Bevölkerung 1 981 935 und ist nach Schätzung zurzeit 2 100 000. Durchschnittlich hat sich die Bevölkerung im Jahrfünft um 15,7 % vermehrt. Legt man diesen prozentualen Zuwachs den weiteren Betrachtungen zugrunde, so hätte man im Jahre 1920 mit 2,65 Millionen, im Jahre 1930 mit 3,55 Millionen und im Jahre 1940 mit 4,75 Millionen Bevölkerung zu rechnen. Hier läßt sich selbstverständlich der Einwand erheben, diese Annahme sei zu weitgehend. Ob dieser Einwand richtig ist, läßt sich aber erst nach einem gewissen Zeitabschnitt feststellen. Man könnte ebensogut jetzt 10 % annehmen, statt der 15,7 %, zumal die Gesamtkurven der Bevölkerung in den letzten Jahren eine schwächere Steigungstendenz aufweisen, aber Annahme steht gegen Annahme. Das Zustandekommen des Kohlensyndikats steht noch zur Diskussion. Das Syndikat brachte uns aber die Arbeiterkurven des Bezirks zu einem stetigen Verlaufe und bewahrte sie vor plötzlichem Sturze oder ungesundem Anstieg.

Für die Folgerungen aus dieser Arbeit ist es unwesentlich, ob der angenommene Bevölkerungsstand ein oder zwei Jahrzehnte später eintritt, im Gegenteil gilt hier der Spruch: Besser Vorsicht als Nachsicht; daher mögen diese Annahmen weiter verfolgt werden.

Die Bevölkerung verteilt sich innerhalb des Bezirks in drei Siedelungsgruppen, welche auch für den Gesamtplan bestimmend sind:

Heutige Verteilung der Bevölkerung innerhalb des Bezirks.

1. Düsseldorf, im wesentlichen die Einzelstadt in der Rheinebene;

2. eine südöstliche Städtegruppe in dem scharf eingeschnittenen Flußtale der Wupper: Barmen, Elberfeld und Vohwinkel (diese Städte suchen erst in neuester Zeit die freiere Entwickelung auf den Höhen);

3. eine nördliche Städtegruppe im Niederschlagsgebiete der Ruhr und Emscher, umfassend die Stadt- und Landkreise Essen, Mülheim, Hamborn, Oberhausen und Duisburg, das Gebiet des Kohlenbergbaues und der Montanindustrie: eine Stadtgruppe, die sich jetzt schon unbekümmert um die Provinzialgrenzen nach Norden und Osten erstreckt und weiterhin immer enger zusammenwachsen wird.

Innerhalb dieser drei charakteristischen Siedelungsgruppen des Bezirks ist jedesmal die Bevölkerungszunahme, wie bereits erwähnt, und die Bevölkerungsdichtigkeit noch eine sehr verschiedene. Sie sind auf besonderen Plänen übersichtlich zur Darstellung gebracht. Auf Blatt 3 sind die Bevölkerungskurven für jede Gruppe gesondert aufgetragen. Es ergibt sich hiernach für die Bevölkerungsgruppe Düsseldorf (Stadt und Land) seit 1871 eine Vermehrung von 17,4 %, für die Wuppertalgruppe Elberfeld, Barmen und Landkreis Mettmann von 10,8 %, für die Ruhr-Emschergruppe Essen Stadt und Land, Mülheim, Oberhausen, Duisburg, Dinslaken, Hamborn 20,2 % im Jahrfünft. Wie mächtig stellt sich die Kurve des Ruhr-Emscher-Gebietes gegenüber den beiden anderen Kurven dar.

Ferner ist auf Blatt 4 die Anzahl der Bewohner auf einem Hektar durch eingekreiste Zahlen und Dichtigkeit der Schraffur übersichtlich gekennzeichnet. Die größte Bevölkerungsdichtigkeit hat Elberfeld mit 500 und 474 Menschen auf den Hektar, dann folgt die Altstadt Duisburg mit 277, die Altstadt Essen mit 250 und endlich Düsseldorf (Altstadt) mit 238 Menschen auf 1 Hektar. Mit der Sanierung dieser Viertel werden sich die Städte soweit notwendig noch beschäftigen müssen, nachdem sie ihrer Bürgerschaft durch Schulbeispiele neuer Viertel die Augen darüber geöffnet haben, daß eine derartige Wohndichte nicht gut ist und leicht vermieden werden kann.

Nach den Auszählungen, welche in Essen vorgenommen worden sind, kann für die Stadt unseres Bezirks als einwandfreie Bevölkerungsdichte auf den Hektar 125 Seelen angenommen werden. Diese Dichtigkeit findet sich nur in den Städten Elberfeld, Barmen, Essen, Duisburg, Oberhausen und Düsseldorf überschritten, in einem kleinen Gebietsteile des ganzen Bezirks. Die auf dem Plane mit weniger als 125 Menschen auf den Hektar bezeichneten Flächen sind entweder noch nicht vollkommen bebaut oder mit industriellen Anlagen bezw. Geschäftsvierteln oder Grünanlagen bedeckt.

Im ganzen ist die schraffierte Fläche des Planes 139 600 ha groß. Bei 125 Menschen pro ha ließen sich also hierauf rund 17 Millionen Menschen unterbringen oder wenn ein Viertel ganz unbesiedelt bliebe, rund 13 Millionen Menschen. Hieraus ist also ersichtlich, daß unbedenklich die weitaus bessere weiträumige Siedelungsweise im Gegensatze zu den Städten des Ostens angenommen werden kann, da z. B. unter maximaler Annahme des Wachstums im Jahre 1940 mit 4,75 Millionen Menschen als Gesamtbevölkerung zu rechnen ist.

Voraussichtliche Verteilung der Bevölkerung in Zukunft.

Es interessiert nun, zu wissen, wie sich die für das Jahr 1930 im Bezirk angenommene Bevölkerungsmasse von 3,55 Millionen etwa verteilen wird bezw. welche Fläche von ihr bedeckt würde, wenn durch Bauvorschriften und zusammenhängende Freiflächen eine als einwandfrei angenommene Bevölkerungsdichtigkeit von 125 Menschen auf den Hektar erstrebt ist.

Sieht man der Einfachheit halber vorläufig von Eingemeindungen ab und betrachtet ohne weitere Erwägung der Vorbedingungen für neue Gruppenbildungen die einzelnen Stadt- und Landgemeinden für sich, so ergibt sich ein gewisser Anhalt hierfür. Auf Blatt 5 ist dies zur Darstellung gebracht. Zunächst ist jedes Gemeindegebiet in einen Kreis von gleicher Größe umgewandelt und auf dem jetzigen Gemeindegebiet aufgetragen, dann ist entsprechend dem mittleren Zuwachs der letzten vierzig Jahre und bei Annahme von 125 Menschen pro ha die im Jahre 1930 besiedelte Fläche als konzentrischer Kreis eingetragen und schraffiert. Die Restfläche zwischen beiden Kreisen zeigt dann die voraussichtliche Reservefläche 1930. Es ergibt sich hieraus, daß z. B. Essen unter den Großstädten schon früher, und zwar bereits im Jahre 1927, vollkommen bevölkert sein wird. Dies liegt daran, daß die Stadtgemeinde Essen bei einem ihrer Bedeutung nach wesentlich zu kleinen Stadtgebiet bereits vor 9 Jahren eine grundsätzliche Reformation der Bauordnung und der Bebauungspläne vorgenommen hat, wodurch eine wesentlich gesundere und freiere Siedelungsweise eingeführt worden ist. Die jetzt beabsichtigten Eingemeindungen von Bredeney, Borbeck und Altenessen werden den Zeitpunkt der Besiedelung des gesamten Bezirks um ungefähr 50 Jahre hinausrücken. Ungünstig steht ebenfalls die Gemeinde Kray (1922), Rotthausen (1927) und die Stadt Oberhausen; ihr Gebiet wird 1930 nur noch wenig Freifläche aufweisen, im Jahre 1939 wird das jetzige Gebiet besiedelt sein. Barmen und Elberfeld stehen ebenfalls ungünstig da. Am meisten Freifläche hat Mülheim mit einem Stadtgebiet, das für absehbare Zeit jede Eingemeindung wird entbehren können. Untersucht man weiter, wann unter der gleichen Voraussetzung von 125 Menschen auf den Hektar und unter der gleichen Voraussetzung des weiteren Wachstums die jetzigen Gemeindegebiete besiedelt sein werden, so ergeben sich für die einzelnen Gemeinden folgende Daten, nach Jahreszahlen der Vollbesiedelung geordnet:

Essen . . . . 1927 ⎫
Rotthausen . . . . . . 1929 ⎬ I. Gruppe
Kray . . . . 1930 ⎭

Barmen . . . . 1937 ⎫
Oberhausen . . . . . . 1939 ⎬ II. Gruppe
Caternberg . . . . . . 1940 ⎭

Hamborn . . . . 1946 ⎫
Düsseldorf . . . . . . 1947 ⎪
Elberfeld . . . . 1948 ⎪
Schonnebeck . . . . . 1949 ⎬ III. Gruppe
Steele . . . . 1949 ⎪
Werden Stadt . . . . 1950 ⎪
Duisburg . . . . 1950 ⎭

Altenessen . . . . . . 1953 ⎫
Frillendorf . . . . 1953 ⎪
Stoppenberg . . . . . 1953 ⎬ IV. Gruppe
Borbeck . . . . 1963 ⎪
Leithe . . . . 1986 ⎭

Mülheim (Ruhr) 2007
Kettwig Stadt 2025
Kupferdreh 2025
Heisingen 2030
Bredeney 2045
Werden Land 2140
Ueberruhr 4095
Kettwig Land . . . . . keine Zunahme!

Diese Angaben haben selbstverständlich wenig praktischen Wert. Sie geben nur einen rohen Anhalt, weil durch die Entstehung neuer Siedelungsgruppen infolge der Abteufung von Schächten, Erschließung von Industriegelände, Anlage von Schnellbahnen, wodurch neue hervorragende Wohnlagen geschaffen werden, Inbetriebnahme des Schiffahrtskanals, seiner Stichkanäle und Häfen, Schaffung von Frei- und Grünflächen größeren Umfanges, Erlöschung oder Verlegung industrieller Anlagen sich in jedem Bezirk neue Entwicklungsmomente ergeben werden und auch ergeben müssen.

Im großen und ganzen werden die drei Hauptgruppen des Bezirks erhalten bleiben bei wesentlich gleichbleibenden Entwicklungsbedingungen in sich. Düsseldorf als selbständiger Organismus, die Wupperstädte mit ihrer Sonderindustrie und die Ruhr-Emschergruppe in dem nördlichen Bezirk.

Zwischen diesen drei Gruppen bestehen dann auf lange Zeit hinaus lediglich Verkehrsbeziehungen.

Die Entwicklung der Bevölkerung des nördlichen Bezirks hängt zusammen mit der Entwicklung des Kohlenbergbaues und der Hüttenindustrie. Beide sind vorläufig hauptsächlich auf die menschliche Arbeitskraft angewiesen, und es ist wohl ausgeschlossen, daß die Bestrebung, die menschliche Arbeitskraft durch maschinelle zu ersetzen, in dieser Industrie von durchgreifendem Erfolge sein kann, so daß hierdurch die Bevölkerungskurven eine Beeinträchtigung erfahren müßten.

Der Kohlenbergbau ist hier für die Bevölkerungszunahme maßgebend. Deshalb sind folgende Zahlen über die Belegschaft und Kohlenförderung im Oberbergamtsbezirk Dortmund, der den Ruhrbergbau umfaßt, von Interesse:

Jahr	Belegschaft einschl. techn. Grubenbeamte	Steinkohlenförderung	
		Menge in t.	Wert in Mk.
1850	13 000		
1860	29 000		
1870	51 000		
1880	80 000		
1890	128 000		
1900	226 902	59 619 000	508 797 000
1901	243 926	58 448 000	512 185 000
1902	243 963	58 039 000	486 775 000
1903	255 992	64 690 000	535 684 000
1904	270 259	67 534 000	556 954 000
1905	267 798	65 374 000	548 913 000
1906	278 719	76 811 000	672 565 000
1907	303 089	80 183 000	763 218 000
1908	334 733	82 665 000	831 405 000
1909	340 567	82 804 000	823 000 000
1910	345 136	86 865 000	849 204 000
1911	352 555	91 329 000	888 360 000

und nach Schätzung 1912   356 000 Mann.

Dabei reichte zur Schaffung dieser Arbeitskräfte die einheimische Volksvermehrung nicht aus; beständig in erhöhtem Maße mußten ausländische Arbeiter zugezogen werden. Von der ganzen Belegschaft des Oberbergamtsbezirks Dortmund waren

im Jahre 1893 absolut 4 291 oder 2,72 %
,, ,, 1906 ,, 21 163 ,, 7,42 %
,, ,, 1912 ,, 30 632 ,, 8,35 %

ausländische Arbeiter.

Diese Bevölkerung weist in sich eine größere Zunahme auf, als die Großstadtbevölkerung im übrigen, was wegen der Schlüsse für die Zukunft wohl zu beachten ist.

Überhaupt spielt der Geburtenrückgang in dem Bezirk zur Zeit keine in Betracht kommende Rolle, da die Sterblichkeitsziffer ständig zurückgeht, insbesondere durch die Säuglingsfürsorge.

Der Kohlenbergbau hat Wandlungen durchgemacht. Unter dem Kleinbetrieb stagnierte er. Hier war bei geringer Betriebssicherheit die Ausnutzungsmöglichkeit der Anlagen zu gering. Die Selbstkosten waren zu hoch. Seine Entwicklung setzte ein mit der Schaffung konkurrenzfähiger Großbetriebe, welche unter Vereinigung von Kohlen- und Eisenwerken und Angliederung von Nebenanlagen (Kokereien, Verwertung der Koksofengase, Erzeugung von Leuchtgas, Elektrizität, Brikettherstellung, Ziegelfabrikation) wirtschaftlich leistungsfähiger gestaltet wurden. Die Stellung dieser Großbetriebe wurde gesichert durch umfassende Verwaltungskörper und Verkaufsämter.

Mit dem Großbetrieb schlug der Bergbau tiefere Wurzeln in unserem Bezirk und suchte ausgedehntere Arbeitsflächen im Norden, die bei größerer Teufe den bedeutsamen Fortschritt der Kokserzeugung brachten und die daraus resultierende Gewinnung der Nebenprodukte.

Der Durchschnitt der größeren Teufen betrug:

1885 — 342 m, 1899 — 430 m und im

Jahre 1909 bestanden bereits 13 Schächte mit 750 bis 970 m Teufe. Für eine Schachtanlage bei Ahlen muß schon mit einer obersten Abbausohle von über 1050 m gerechnet werden.

Es taucht die Frage auf, ob etwa durch das erwähnte Fortschreiten des Bergbaues nach Norden der Bergbau im Ruhr-Emschergebiet beeinflußt werden wird, so daß hier in absehbarer Zeit eine Verschiebung der Bevölkerung eintreten muß.

Tabelle 31.

Die Zahl der Zensiten nach ihrem Einkommen im Jahre 1910.
Nach den Aufstellungen des Königl. Preußischen Statistischen Landesamts.

Stadt	Einwohnerzahl am 1.12.10	Zahl der Zensiten		Zahl der Zensiten mit einem Einkommen von Mark:											
				900—3000		3000—6500		6500—9500		9500—30500		30500—100000		über 100000	
		Zahl	%[1]	Zahl	%[2]	Zahl	%[2]	Zahl	%[2]	Zahl	%[2]	Zahl	%[2]	Zahl	%[2]
1	2	3	4	5	6	7	8	9	10	11	12	13	14	15	16
Oberhausen	89 900	22 488	25,0	21 473	95,49	824	3,66	85	0,38	94	0,42	11	0,05	1	0,004
Mülheim	112 580	27 128	24,2	25 229	93,00	1443	5,32	182	0,67	224	0,83	39	0,14	11	0,04
Duisburg	229 483	57 006	25,0	52 536	92,16	3355	5,89	467	0,82	501	0,88	122	0,21	25	0,04
Essen	294 653	78 455	26,5	72 298	92,15	4660	5,94	606	0,77	727	0,93	124	0,16	40	0,05
Barmen	169 214	44 473	26,2	40 399	90,83	2647	5,95	497	1,12	684	1,54	203	0,46	43	0,10
Elberfeld	170 195	44 054	25,9	38 961	88,45	3425	7,77	609	1,38	777	1,76	228	0,52	54	0,12
Düsseldorf	358 728	99 389	27,8	87 371	87,91	8140	8,19	1505	1,51	1808	1,82	450	0,45	115	0,12

[1] % von Spalte 2.
[2] % von Spalte 3.

Das Steinkohlengebirge fällt nach Norden ein. Es steigen also die Selbstkosten infolge der geologischen Einflüsse bei den nördlichen Gruben, wegen der höheren Anlagekosten der Schächte, wegen des Zeitverlustes der Förderung, des höheren Gebirgsdruckes, der Temperaturzunahme. Infolgedessen bleiben die südlichen Zechen, die uns wegen der derzeitigen Belegschaft interessieren, konkurrenzfähig. Für die Entwicklung beider Gruppen ist aber die erforderliche Basis die Preisregulierung. Sie erfolgt durch das Kohlensyndikat. Dieses vielumstrittene Gebilde hat es bisher verstanden, eine einwandfreie Mittellinie zu finden zwischen den Interessen der Produzenten und Konsumenten und plötzlichen Preissturz vermieden, was für die stetige Entwicklung des Bezirks von großem Wert ist. Denn hiervon hängt auch die Stetigkeit der Arbeiterkurven ab. Wenn auch von freihändlerischer Seite dem Syndikat vorgeworfen wird, es begünstige das Stillegen einzelner, nicht mehr voll leistungsfähiger Zechen und benachteilige so einzelne Orte, so muß dagegen angeführt werden, daß hier lediglich der ungünstigeren natürlichen Entwicklung zum Schlechten durch einen schnellen operativen Eingriff abgeholfen wird. Ein unwirtschaftlich arbeitender Betrieb kann sich nicht halten, und die Verschiebung der Beteiligungsziffer an eine produktive, rentable Stelle würde so oder so später eintreten.

Angaben über den Zeitpunkt, wann die Zechen im Süden des Ruhrbezirks aus Mangel an abbaufähiger Kohle ihren Betrieb einstellen werden, waren nicht zu beschaffen. Die gemeinsamen wirtschaftlichen Interessen des Nordens und Südens sichern außerdem die Konkurrenzfähigkeit beider Gruppen. Für die hier zu lösende Aufgabe kann daher mit dem stetigen Fortgang der Bevölkerung in dem Bezirk unmittelbar nördlich der Ruhr gerechnet werden.

Jetzige Siedelungsweise in den verschiedenen Teilen des Bezirks.

Die bisherigen schematischen Angaben über die Verteilung der Bevölkerung im Bezirk geben keine Auskunft über das Wohnungswesen. Das Wohnungswesen ist aber sehr wichtig und bildet am letzten Ende die Lösung der Siedelungsfrage. Die Siedelungsweise selbst ist der Nährboden der Nation. Unter allen Umständen müssen daher ihre Einzelheiten beleuchtet und geklärt werden.

Im wesentlichen haben wir es mit Industriestädten zu tun, wo gerade die Arbeiterbevölkerung den größten Prozentsatz der Gesamtbevölkerung ausmacht. Und gerade für diese Klasse der Bevölkerung mit geringerer Lebenshaltung ist die Wohnungsfrage besonders wichtig. Über den Prozentsatz der Arbeiterbevölkerung von der Gesamtbevölkerung gibt Tabelle 31 Auskunft. Hierin sind die Zensiten des Jahres 1910 nach dem Einkommen geordnet. Die Einkommen zwischen 900 und 3000 Mark schwanken zwischen 95,49 und 87,91 %, diejenigen zwischen 3000 bis 6500 zwischen 3,66 und 8,19 %, diejenigen zwischen 6500 und 9500 Mark zwischen 0,38 und 1,51 %, diejenigen zwischen 9500 und 30 500 Mk. zwischen 0,42 und 1,82 %, diejenigen zwischen 30 500 und 100 000 Mark zwischen 0,05 und 0,52 %. Während in allen übrigen Klassen bisher Düsseldorf an erster Stelle war, rückt es bei dieser Steuerklasse an die dritte Stelle hinter Elberfeld und Barmen. Die Zensiten über 100 000 Mark Einkommen schwanken zwischen 0,004 und 0,12 %. Annähernd gleiche Verhältnisse der Zensiten weisen auf die Städte Düsseldorf, Elberfeld und Barmen, dann unter sich die Städte Essen und Duisburg. Mülheim nähert sich am meisten Essen, und Oberhausen steht gesondert da mit einem besonders geringen Prozentsatz an großem Einkommen.

Die Ansicht ist heutzutage noch weit verbreitet, daß industrielle Anlagen und Industriestädte überhaupt häßlich, schmutzig und ungesund sein müßten. Aber auch hier sehen wir bereits Abstufungen.

Einen drastischen Beleg hierfür liefert wohl das Zitat aus Arthur Shadwall (Moderne Wirtschaftsprobleme, Heymanns Verlag, Berlin) in seiner vergleichenden Studie über die industrielle Leistungsfähigkeit Englands, Deutschlands und Amerikas.

„Im Vergleich mit dem Inferno von Pittsburg und den kleinen, aber noch schwärzeren, trostloseren Höllen im Monongahelen-Tal — Hamstead und Baddock und den übrigen ist Sheffield sauber und Essen ein Vergnügungsaufenthalt."

Shadwall kannte noch nicht das Essen des letzten Jahrfünfts, das immer noch als Rauch- und Rußstadt verschrien ist bei all denjenigen, die es nicht kennen, die nicht verfolgt haben, wie mit dem Rüstzeuge der Verwaltungslehre, Technik, Ästhetik und Volkswirtschaft, sowie nicht an letzter Stelle durch Wohlfahrtseinrichtungen Privater auf dem Gebiete des Wohnungswesens die beiden sonst diametral gegenüberstehenden Stadtgebilde, die Industriestadt und die Wohnstadt, sich hier zu einem einzigen, modernen, beachtenswerten Stadtgebilde der Industrie- und Wohnstadt vereinigt haben, gefördert durch das ungeahnte Wachstum des letzten Jahrzehnts, welches Stadtteil an Stadtteil neu entstehen ließ: Maß-

Tabelle 32.

Zahl der Bewohner pro Haus.

Stadt	1885	1890	1895	1900	1905	1910
Düsseldorf Stadt	16	17,6	18,7	19,4	19,8	19,1
„ Land	—	—	—	10,1	10,8	10,1
Essen Stadt	—	16,6	17,2	18,7	18,8	17,7
„ Land	—	—	—	14,8	14,0	14,4
Mülheim Stadt	—	—	—	12,2	11,7	11,9
„ Land	—	—	—	11,6	12,1	—
Elberfeld	—	18,4	18,6	18,7	17,6	18,2
Mettmann	—	—	—	10,4	10,4	10,8
Barmen	—	18,3	18,2	18,0	17,3	19,1
Oberhausen	—	—	—	14,2	14,4	15,4
Duisburg	—	13,0	13,2	13,7	13,8	14,3

nahmen, die wesentlich mitgewirkt haben, daß die Sterblichkeitsziffer pro Tausend der Bevölkerung, die im Jahre 1900 mit 25,84, im Jahre 1905 mit 15,5 und 1910 mit 12,35%, angegeben ist, im Laufe von zehn Jahren um mehr als die Hälfte zurückgegangen ist. Es darf nicht verfehlt werden, darauf hinzuweisen, daß diese Maßnahmen, am anderen Orte angewandt, wohl nicht immer dasselbe Ergebnis haben werden, denn sie wurden in Essen besonders begünstigt durch das rasche Wachstum, weil Beispiel auf Beispiel die Nacheiferung zum Besseren und Schöneren anregte und gleichzeitig mit allen Mitteln der Sinn der Allgemeinheit, ohne den keine Reform erfolgreich einsetzen kann, für diese Bestrebungen geweckt und gefördert wurde. Gerade aus diesem Erfolge können wertvolle Schlüsse für den übrigen Bezirk gezogen werden, denn hierdurch ist mit dem Aberglauben gebrochen, daß eine Industriestadt häßlich und ungesund aussehen müßte, daß ihre Straßenbilder beherrscht werden müßten von der Mietskaserne in abschreckender häßlicher Ausführung, diesen unwürdigen Dokumenten unseres Kulturstandes im übrigen. In diesen abschreckend häßlichen Bauten kann keine arbeitsfrohe, staatserhaltende Bevölkerung erzogen werden.

Aber der Durchschnitt unserer Industriestädte sieht jetzt noch geradezu trostlos aus, wie die Bereisung des Bezirks immer wieder feststellen läßt.

Zwar findet man überall im einzelnen Ansätze zur Besserung, aber überall tritt uns auch eine Siedelungsweise der jetzigen Bevölkerung entgegen, die nicht gut, die nicht schön, die durchaus nicht befriedigend ist. Verwaltungen und Bürger müssen diesen einschneidenden Mißstand rückhaltlos anerkennen, wenn Besserung eintreten soll. Jede Gemeinde muß schnell entschlossen und mutig den Finger an die Wunde legend zur Heilung schreiten, und Aufgabe der Verwaltungen, Aufgabe aller, die diesen Fehler erkannt haben, ist es, mit aller Macht, mit allen Mitteln überall helfend, fördernd, reorganisierend einzugreifen, damit Gesamtbilder entstehen, die dem Kulturstande unserer Nation würdig sind.

Die richtige Siedelungsweise kann nur dann erreicht werden, wenn als Ideal die Befriedigung aller hingestellt wird. Zu der befriedigenden Lösung kommt man aber nicht durch alleinige Verfolgung des im ersten Empfinden auftauchenden ästhetischen Gedankens. Vor allem muß die Form des richtigen Haustyps festgestellt, dann muß die Frage der Grundrente, die Beleihungs- und Tilgungsfrage gelöst werden, die zum Teil den Verdienst der Massen in durchaus unzulässiger Weise zum Nachteile ihrer übrigen Lebenshaltung in Anspruch nehmen und das Wohnungswesen ungünstig beeinflussen.

Diese letzteren Fragen sind aber keine Spezialfragen des Bezirks. Sie stehen überall in Deutschland im Vordergrunde der Erörterung. Sie müssen und werden befriedigend gelöst werden. Allem Anscheine nach wird nicht die schwerfällige, reformwidrige und von Interessentengruppen beherrschte Reichshauptstadt, sondern der engere Industriebezirk in seiner elastischen Tatkraft auch hierbei die Führung übernehmen müssen.

Im Rahmen der Aufgabe interessiert hier zunächst das Element der Siedelungsweise, die Hausform, und es ist festzustellen, ob die ortsübliche Hausform einwandfrei ist in gesundheitlicher und nationalökonomischer Hinsicht, indem zunächst die bodenständige Hausform beachtet wird. Dann sind, falls erforderlich, Vorschläge zu machen zu ihrer zweckentsprechenden Umgestaltung.

Ein Blick in die Vergangenheit des Industriebezirks zeigt, daß das ursprüngliche Wohnhaus das ein- oder zweigeschossige war; das sogenannte Dreifensterhaus, in welchem eine, höchstens zwei Familien Unterkommen fanden. Bei dem Aufschwung des Kohlenbergbaues und der Eisenindustrie wuchs die Bevölkerung durch ganz außerordentlichen Zugang und durch die Vermehrung in sich sehr stark. Zur Unterbringung dieser Bevölkerung reichten die vorhandenen Bauten nicht aus. Man belegte sie zunächst stärker mit Menschen, dann wurden Dachgeschosse ausgebaut, Geschosse aufgesetzt, Flügelbauten entstanden, allerdings noch nicht in dem Umfange, wie sie z. B. in den Großstädten Berlin und Breslau sich zeigen, sondern Flügelbauten von 6 bis 10 m Tiefe. Der typische Wohnblock des Ostens, beherrscht von den mächtigen, fünfgeschossigen Vorderhäusern mit Flügelanbauten und Hinterhäusern in mehrfacher Fortsetzung, erschien in diesem Bezirke nicht. Man fürchtete den Einfluß des Bergbaues. Außerdem schuf der Westen keine großen Baugesellschaften wie die östlichen Großstädte, welche ganze Häuserblocks als Spekulationsobjekte entstehen lassen. Hier im Westen warf sich das Kapital auf andere naheliegende Spekulationen und überließ den Hausbau dem Kleinunternehmertum, den Genossenschaften oder den Werken, offenbar auch, weil die vielen Kleinwohnungen und die fluktuierende Bevölkerung die Verwaltung der Häuser sehr erschweren.

Blatt 6

Typen eingebauter Wohnhäuser.

Dreifensterhaus

mit 1 Wohnung auf der Etage.

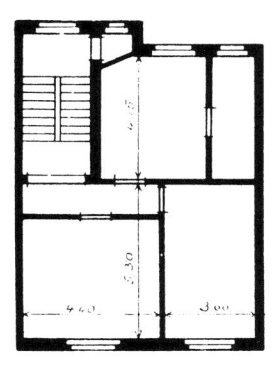

mit 2 Wohnungen auf der Etage.

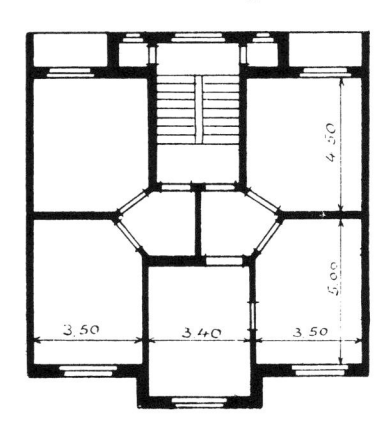

Kruppsches Arbeiterwohnhaus.

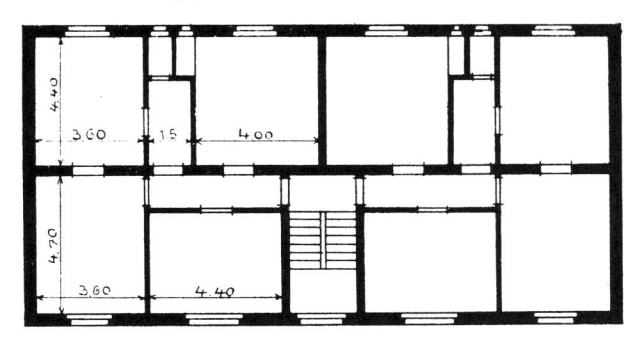

Einfamilienwohnhaus.
der Margarethe-Krupp-Stiftung.

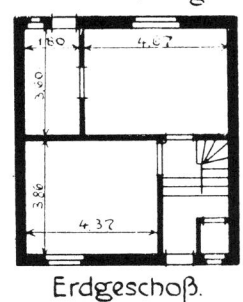

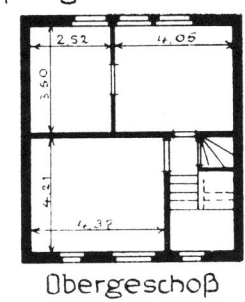

Erdgeschoß.   Obergeschoß.

In dem Bezirk herrscht daher jetzt noch entsprechend der Urform der Häuser, den kleinen zur Verfügung stehenden Baukapitalien, dann wegen der Furcht vor den Einflüssen des Bergbaues auf zu ausgedehnte und zu hohe Häuser, endlich infolge des Einflusses der Kleinbaukolonien der Werke das gut durchlüftbare zwei- und dreigeschossige Haus von 11 m Tiefe mit fast quadratischem Grundriß auf schmaler Parzelle mit höchstens vier Fenstern Front vor. Dieser Haustyp ist gut (vergleiche Blatt 6). Er gestattet in der einfachsten Weise die Unterbringung von höchstens zwei Familien, beim sogenannten Dreifensterhaus sogar nur einer Kleinwohnung von drei Zimmern und Zubehör in einem Geschoß bei vollständiger Abtrennung der Wohnungen, wobei drei bis vier, durchschnittlich sechs, höchstens acht Familien in dem Hause untergebracht werden. Durch Tabelle 32 wird mit der Behausungsziffer der Städte in dem Zeitraum von 1890 bis 1910 der Beleg hierfür gegeben. Von den Großstädten hat Düsseldorf mit über 29 Köpfen die größte Behausungsziffer, Mülheim die kleinste mit rund 12 Köpfen. Dieses ortsübliche Haus kann ohne Schwierigkeit die Straßenausbaukosten der nach wirtschaftlichen Grundsätzen aufgestellten Bebauungspläne tragen. Bei langgestreckten Baublocks bis zu 55 m Tiefe der Schmalseiten entstehen im Innern des Blockes dauernd große wirkungsvolle zusammenhängende Freiflächen. In den jetzigen Ortslagen soll es höchstens drei, im übrigen soll es höchstens zwei Vollgeschosse erhalten.

Bauvorschriften. Allgemein.
Das Wohnwesen wird geleitet durch die Bauvorschriften. Ein Studium der Bauordnungen und der Bebauungspläne des Bezirks zeigt, daß der für die Siedelungsweise der Bevölkerung so günstige Umstand der Überlieferung und Gewohnheit durchaus nicht überall erkannt ist. Immer noch findet man Paragraphen der Berliner Bauordnung, die doch einem fremden Gebiete, einer ganz anderen Siedelungsweise entstammt, zum Schaden des Gemeinwesens in Geltung und von verschlechterndem Einfluß.

Fast durchgängig ist ein Unterschied zwischen den Haupttypen nicht gemacht. Offenbar infolge der Tatsache, daß die Behandlung der Wohnungsfrage nur die Dissonanz zwischen Mietskasernen und Kleinhaus in den Vordergrund gestellt hat. Das Wohnhaus, das Geschäftshaus, das Haus für Gewerbebetriebe aller Art sind gleichmäßig behandelt. Nur bei Theatern und öffentlichen Versammlungsräumen hat die Staatsregierung eine verschärfende Ausnahme gemacht. Mit dieser schematisierenden Anwendung der Paragraphen ohne Rücksicht auf die charakteristische Bestimmung der Gebäudearten werden falsche Ergebnisse hervorgerufen, eine wechselseitig ungünstige Beeinflussung der Wohnhäuser und der Geschäftshäuser bzw. der gewerblichen Bauten tritt ein.

Baugebiete.
Eine der engeren Siedelungsgruppe angepaßte Gebietseinteilung als Folge der Trennung von Wohn- und Arbeitsstätte ist, wenn sie irgend ermöglicht werden kann, durchzuführen. Sie bildet die Grundbedingung für ein gesundes, ruhiges und angenehmes Wohnen und sichert umgekehrt eine ungehinderte Entwicklung der Industrie. Die Massenarbeitsbetriebe der Neuzeit, insbesondere diejenigen der schweren Industrie, lassen die befriedigende Lösung des Wohnbedürfnisses in ihrer unmittelbaren Umgebung zur Zeit noch nicht zu. In den Geschäftsvierteln steigern sich die Grundpreise zu sehr, als daß dort noch einwandfreie Wohnlagen im großen gesucht werden könnten. Die gewünschte Gebietseinteilung fehlt noch in einer Reihe von Gemeinwesen, ebenso die Gebietseinteilung unter Abstufung der Bauvorschriften. Dies fällt z. B. besonders in Borbeck, Oberhausen und Stoppenberg ungünstig auf. Mülheim hat erst in den letzten Wochen einen Schritt vorwärts getan, in der Stadt Düsseldorf wird die gewählte Gebietseinteilung zu sehr durch Sondervorschriften unterbrochen.

Die geschlossene Bauweise, der durchgehende Reihenbau, ist fast überall in zu großer Ausdehnung angenommen, sodaß der häßliche Brandgiebel in endloser Wiederkehr die Straßenbilder entstellt, und es treten berechtigte Zweifel auf, ob alle diese Brandgiebel bei der weiteren Entwicklung jemals bedeckt werden können. Dieser durchgehende Reihenbau entspricht auch nicht den Terrainverhältnissen des Bezirks. Fast überall finden wir die wellige Gestaltung des Geländes und das ihr angepaßte Straßennivellement mit kräftigen Steigungen. Bei dem durchgehenden Reihenbau lassen sich hier keine harmonisch verlaufenden Silhouetten und Linien schaffen.

Gebäudegruppen.
Um diesen Umständen gerecht zu werden, ist es durchaus nicht notwendig, überall dem Einzel- oder Doppelhause das Wort zu reden, das in Wiederkehr den Villenfriedhof erzeugt. Dies soll auch hier durchaus nicht geschehen. Es soll vielmehr der Gruppenbau auf das Wärmste befürwortet werden, wie er z. B. in Essen seit etwa fünf Jahren im Gebiete der offenen Bauweise aus wirtschaftlichen, praktischen und ästhetischen Gründen zum Wohle des Städtebildes eingeführt ist. Diese Gruppen geben den

Blatt 7

wirtschaftlichen Vorteil des eingebauten Hauses, ermöglichen die freiere Grundrißentwicklung in den Eckhäusern, deren Abstände zur Durchlüftung des Blockinnern beitragen. Sie vermeiden die ewige Wiederkehr der Brandgiebel. In größerer oder geringerer Länge passen sie sich leicht in harmonischer Silhouette, Gruppierung und Linienführung dem Gelände an. Siehe Blatt 10.

Die Baupolizeiordnung für die Landkreise des Regierungsbezirks Düsseldorf vom 1. April 1912 bedeutet einen großen Fortschritt in dieser Hinsicht, wenn sie auch noch die Gruppenbauten etwas stark einschränkt und schematisiert.

Flügelbauten. Die Flügelbauten an Wohngebäuden werden fast überall falsch beurteilt. Die ortsübliche Bauweise, das ortsübliche Bedürfnis verlangen sie nicht. Dagegen wird einfach angenommen, die Flügelbauten müßten unter allen Umständen zugelassen werden. Dies ist aber z. B. in der nördlichen Siedelungsgruppe, im Gebiete der Ruhr und Emscher, und bei dem angestammten bergischen Hause der Wupperstädte gar nicht der Fall. Hier überwiegt die Arbeiterbevölkerung bei weitem. Sie verlangt zur Befriedigung ihres Wohnbedürfnisses Zwei-, Drei- und Vierzimmer-Wohnungen, die ohne Flügelbauten errichtet werden. Die Fünfzimmerwohnung des Mittelstandes läßt sich auf den gleichen geschlossenen, rechteckigen, meist sogar quadratischen Grundriß bequem unterbringen auch ohne Flügelanbauten. Bei der Sechs- und Siebenzimmerwohnung müssen aus wirtschaftlichen Gründen meistens schon die Dachzimmer aushelfend hinzutreten. Wachsen die Bedürfnisse noch höher, so tritt schon das im Mietpreis annähernd gleich hohe Einfamilienhaus, der beste Wohntyp, ein. Die größere Etagenwohnung, welche Flügelanbauten bedingt, suchen in der Regel nur die vom Osten zuziehenden wohlhabenden Familien, denen die individuellen Vorzüge des Einfamilienhauses, das von England über Holland und Belgien zum Niederrhein bis nach Cöln hin früher stets vorgeherrscht hat, nicht bekannt sind. Dieser Umstand ist den in dem Bezirk Ansässigen wohl bekannt und es war zu erwarten, daß z. B. in Duisburg der Versuch fehlschlagen mußte, an der Hauptstraße nach Mülheim große Etagenwohnungen zu bauen. Sie werden zur Zeit als Bureaus vermietet.

Ein Gang durch den Bezirk zeigt, daß tatsächlich jetzt noch die Flügelbauten für Wohnzwecke die Ausnahme bilden. Auch der Bergbau mag hier mitsprechen, er verlangt einen möglichst geschlossenen rechteckigen Hausgrundriß. Wirtschaftliche Gründe sprechen ebenfalls gegen die Flügelbauten, der Kostenaufwand zu ihrer Herstellung entspricht nicht der aus ihnen gezogenen Rente.

Die Nachteile der Flügelbauten sind bekannt. Sie bedingen das sogenannte Berliner Zimmer und liefern einseitig lüftbare Räume. Sie nehmen häufig den Zimmern der Hoffront die Sonne, verschlechtern die Durchlüftung und Besonnung des Blockinnern, machen es häßlich, und erhöhen die Behausungsziffer.

Wenn auch die Zweckmäßigkeit der Flügelbauten für gewerbliche Betriebe, Geschäfts- und Kontorhäuser anerkannt werden muß, kann dies für die Wohnhäuser des Bezirks aus den angeführten Gründen nicht geschehen und die Bauordnung des Bezirks, welche bedingungslos die Flügelbauten für alle Gebäudetypen zuläßt, muß als nicht bodenständig und falsch bezeichnet werden. Der Wohnhaustyp des Bezirkes ist bis heute das Haus mit höchstens drei Vollgeschossen und höchstens vier Fenstern Front. Dieser Typ ist nicht schlecht und wird noch wesentlich verbessert bei Weglassen eines Vollgeschosses.

In Düsseldorf herrschte früher das Einfamilienhaus auf schmaler rheinischer Parzelle, das sogenannte Dreifensterhaus mit meistens zwei, höchstens drei Vollgeschossen und einem Flügelanbau, der in der Regel noch eine einwandfreie Belichtung der Hofräume zuließ. Dieser Wohnhaustyp ist nicht verfolgt worden, denn wir sehen jetzt im Stadterweiterungsgelände vierstöckige Etagenhäuser mit hohem Untergeschoß und ausgebautem Dachgeschoß entstehen, bei breiter Front und mächtigen Flügelbauten von fünf Fensteraxen (vergl. Blatt 7). Es sucht hier die Ähnlichkeit mit den östlichen Großstädten; ob zu seinem Vorteile, wird die Zukunft lehren. Jedenfalls steigert es seine Behausungsziffer, anstatt sie zu senken.

Die Großstadt Essen geht einen anderen Weg in ihrer baulichen Entwickelung. Hier hat die Behausungsziffer fallende Tendenz. Auch die übrigen Städte des Bezirkes folgen nach. Die Wupperstädte bahnen die Verbesserung durch ihre einwandfreie Gebietseinteilung an, und die neue Bauordnung für die Landkreise des Regierungsbezirks macht das Zweigeschoßhaus zur Regel.

Dachgeschosse. In dem Vorstehenden ist darauf hingewiesen, daß das schmale Haus mit höchstens 4 Fenstern Front und drei bewohnbaren Geschossen (einschließlich Dachgeschoß) als guter Wohnhaustyp zu bezeichnen ist. Die Dachgeschosse werden aber in der Regel unabhängig von der Geschoßzahl in den Bau-

Dachgeschoßausnutzungen.

1. Dachgeschoßfläche voll ausgebaut.

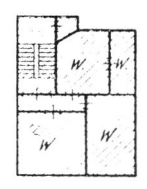

$F = 89{,}54$ qm; 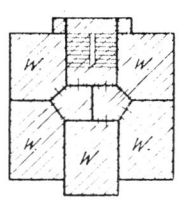 $F = 132{,}15$ qm;

2. Dachgeschoßfläche ¾ ausgebaut (Ohne Abzug).

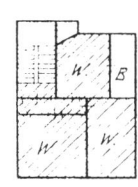

$\tfrac{3}{4} F = 67{,}15$ qm; $\tfrac{3}{4} F = 99{,}11$ qm;

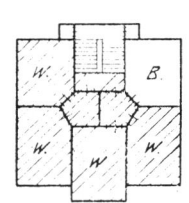

3. Dachgeschoßfläche ¾ ausgebaut. (Treppe, Flur, Abort abgezogen¹).

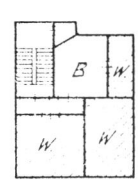

$(F - Abzug) \cdot \tfrac{3}{4} = 50{,}53$ qm; $(F - Abzug) \cdot \tfrac{3}{4} = 75{,}28$ qm;

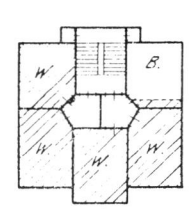

4. Dachgeschoßfläche ½ ausgebaut. (Ohne Abzug).

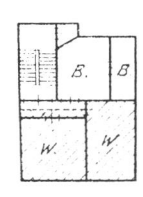

$\tfrac{1}{2} F = 44{,}77$ qm; $\tfrac{1}{2} F = 66{,}08$ qm;

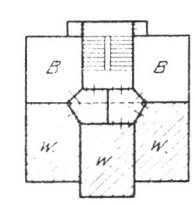

5. Dachgeschoßfläche ½ ausgebaut. (Treppe, Flur, Abort abgezogen¹)

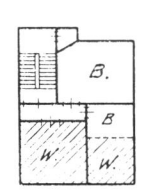

$(F - Abzug) \cdot \tfrac{1}{2} = 33{,}69$ qm; $(F - Abzug) \cdot \tfrac{1}{2} = 50{,}19$ qm;

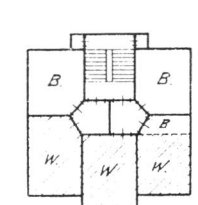

Blatt 8

ordnungen nahezu gleichartig behandelt, weil auch hier wieder der Dachgeschoßausbau der Mietskaserne grundlegend für die Beurteilung ist. Es soll daher bei der allgemeinen Betrachtung der Bauvorschriften auch auf die Frage des Ausbaues der Dachgeschosse eingegangen werden.

Die Vorschriften über das Dachgeschoß beziehen sich entweder darauf, daß nur ein Teil der Dachgeschoßfläche ausgebaut werden, oder darauf, daß keine oder nur eine selbständige Wohnung im Dachgeschoß eingerichtet werden darf. Beide Bestimmungen bezwecken, die Behausungsziffer herunterzudrücken und mit der Ausnutzungsmöglichkeit des Grund- und Aufrisses der Gebäude den Bodenpreis zu beschränken. Sie geben aber zu berechtigten Bedenken Anlaß, wenn man berücksichtigt, daß das deutsche hohe und steile Dach durch die klimatischen Verhältnisse begründet und berechtigt wird und es unwirtschaftlich und unnatürlich ist, die durch dieses Dach geschaffenen Räume zur Unbenutzbarkeit für Wohnzwecke zu verdammen, da über den dort anzulegenden Wohnräumen stets noch genügend Hohlraum für den erforderlichen Bodenraum vorhanden ist. Die beabsichtigte Verbesserung des Wohnungswesens durch Herabdrücken der Behausungsziffer erreicht man besser durch Streichung eines Vollgeschosses.

Zunächst ist festzustellen, daß da, wo Dachgeschosse bewohnt werden dürfen, an sie dieselben Anforderungen bezüglich der Wände, Decken, Fenstergrößen, Zugänglichkeit und Feuersicherheit zu stellen sind, wie an sonstige Wohnungen, und daß unter dieser Vorbedingung die Dachgeschoßwohnung über dem z w e i t e n , auch noch über dem d r i t t e n Vollgeschoß nicht wesentlich ungesunder genannt werden kann als die Wohnung im dritten oder vierten Vollgeschoß, worüber sich ein unbewohntes Dachgeschoß befindet. Im Gegenteil liefern derartig ausgebaute Dachgeschosse unter der wegen der Konstruktion gemachten Voraussetzung bei ihrer freien Lage, guten Durchlüftbarkeit und Besonnung gesündere Wohnstätten als Erdgeschoßwohnungen, die häufig den größten Teil des Jahres im Schatten liegen und an staubiger Straße schlechten Luftwechsel haben.

Läßt man die Dachgeschosse ganz oder teilweise ausbauen, so werden sie hiermit seitens der Baupolizeibehörde als bewohnbar anerkannt und die Unterscheidung der Bewohnbarkeit als selbständige Wohnung oder als Zubehörraum zu einer Vollgeschoßwohnung läßt sich in einer Polizeiverordnung tatsächlich nicht rechtfertigen. Eine solche Verordnung kann niemals das Verständnis des denkenden und insbesondere auch des nichtdenkenden Publikums, das nur ein Nächstliegendes sieht, finden. Sie ist und bleibt ein Palliativ allerschlimmster Sorte, ist auch praktisch erfahrungsgemäß gar nicht durchführbar weder mit Hilfe der Polizei noch mit Hilfe der Wohnungs-Inspektion, und wenn es doch gelingt, wird in der Regel wesentlich Schlimmeres als Ersatz gewählt werden müssen. So muß die Behörde nach und nach zu einer stillschweigenden Duldung der Überschreitung einer auf die Dauer undurchführbaren Maßnahme kommen, was nicht dazu beiträgt, die Achtung vor ihr und den Ortsgesetzen zu fördern.

Auch die Vorschrift, daß nur gewisse Teile der Dachgeschoßfläche als Räume zum dauernden Aufenthalt von Menschen ausgebaut werden dürfen, führt bei der ortsüblichen Bauweise der Kleinwohnungen zu ganz unnötigen Konflikten zwischen Theorie und Praxis. Zur Erläuterung dieser Behauptung ist Blatt 8 beigefügt, worauf 2 gute in Essen ortsübliche Hausgrundrisse dargestellt sind, das Drei- und das Zweifensterhaus. Unter Ziffer 1 ist die Vorschrift dargestellt: das Dachgeschoß kann voll ausgebaut werden, unter Ziffer 2 und 3: es kann $^3/_4$ der Dachgeschoßfläche ausgebaut werden, wobei in Ziffer 2 vor der Berechnung der Freifläche kein Abzug, in Ziffer 3 die notwendigen Anlagen an Treppen, Flur, Abort vorher abgezogen sind. In beiden Fällen bleibt ein einziger Raum übrig, der in der Größe der übrigen Wohnräume mit Decke, Fußboden, Wänden, Fenster und Tür versehen, mit B als Bodenraum in dem Bauschein bezeichnet wird. Ziffer 4 und 5 gibt die Darstellung der Vorschrift: Es darf nur die Hälfte des Dachgeschosses mit Räumen zum dauernden Aufenthalt von Menschen ausgebaut werden, in den beiden Sonderauslegungen mit und ohne Abzug der erforderlichen Nebenräume ebenfalls dargestellt. In allen vier Fällen bleiben Einzelräume von Zimmergröße übrig, genau gleichwertig mit den übrigen Dachzimmern. Kann man verständlich machen, daß hier sozialpolitische Gründe die nationalökonomischen zurückdrängen? — Ein entschiedenes „Nein" ist die Antwort. Jedes Haus muß ein Dach haben. In unserer Breite ist das steile Dach bodenständig, eingebürgert, daher praktisch und bildet einen Schmuck des Städtebildes. In diesen Dachräumen lassen sich mit verhältnismäßig geringen Kosten einwandfreie Wohnräume schaffen, deren Miete billiger ist als diejenige der Vollgeschosse. Solch billigere Räume müssen aber zur Lösung der Wohnungsfrage auf dem Markte sein. Wo sollen denn sonst die Armen und Ärmsten wohnen, die zu

— 37 — **Blatt 9**

stolz sind die Armen- und Wohlfahrtspflege in Anspruch zu nehmen? Weshalb soll man also gesunde Dachgeschoßwohnungen verhindern? —

Die Frage des Bodenpreises wird durch die mehr oder weniger große Ausnutzung der Dachgeschoßfläche im Hause mit insgesamt drei bewohnbaren Geschossen kaum berührt. Hierbei spielen andere Faktoren wesentlich stärker mit. Die Behausungsziffer und der Grund- und Bodenpreis werden viel mehr beeinflußt durch Beschränkung der Zahl der Vollgeschosse.

Es liegt kein Hindernis vor, den überwiegenden Teil des Bezirks mit zweigeschossiger Bauweise zu belegen, wobei die Dachgeschosse zu Voll- oder Teilwohnungen unbedenklich ganz ausgebaut werden können, einen kleinen Teil, wo es die Straßenbreite zuläßt oder mit Rücksicht auf die Straßenausbaukosten verlangt, dreigeschossige zu geben und nur an einzelnen Stellen der Großstädte, wie an Platzanlagen, an Hauptgeschäftsstraßen, wo in der Regel mindestens ein Geschoß für Wohnzwecke ausfällt, und an hervorragenden Stellen des Städtebildes mit Monumentalwirkung die viergeschossige Bauweise zu gestatten. Dann kann auf eine unpraktische und auf die Dauer undurchführbare Vorschrift betreffs der Dachgeschosse verzichtet werden. Die Behausungsziffer wird niedrig gehalten, der Bodenpreis beschränkt, soweit nicht Geschäftslagen oder Liebhaberwerte in Frage kommen.

Bereits gestreift ist die ästhetische Frage. Die Beschränkung des Ausbaus der Dachgeschosse führt zu den prismatischen, schmucklosen Kasten mit dem 45 Grad-Dach, Blatt 9, der die Städtebilder so trostlos macht. Läßt man die Dachgeschosse unter der Vorschrift bestimmter Profile, die den Dachcharakter unter allen Umständen wahren, voll ausbauen, so erhält die bodenständige Dachform Inhalt und Zweck; es wird ein wirtschaftlicher Haustyp geschaffen, dessen Grundrißlösung bereits auf das Zweckmäßigste durchgebildet ist. Siehe Blatt 6 u. 10.

Läßt man die Dachgeschosse nicht ausbauen, dann tritt bei einem plötzlichen Bevölkerungszuschuß dem der Wohnhausbau nicht Rechnung trägt, der Zwang ein, ihren Ausbau zuzulassen, wie es die Wohnungsgeschichte Wiesbadens lehrt.

Es ist erwünscht, einen gewissen Überblick in Planform über die Bauvorschriften des Bezirks zu bekommen. Dieser Überblick kann sich naturgemäß nicht auf die Einzelheiten der Bauvorschriften erstrecken, sie werden besser in Tabellenform oder im Texte behandelt.

Zahl der Vollgeschosse. Am einfachsten kann die zulässige Vollgeschoßzahl der Gebäude in den einzelnen Kreisen und Gemeinden dargestellt werden. Dies ist auf Blatt 11 geschehen. Die Flächen sind durch verschiedene Schraffur und eingeschriebene Zahlen, welche die zulässige Vollgeschoßzahl, im Nachstehenden kurz „Geschoß" genannt, angeben, gekennzeichnet. Da, wo Elberfeld die im Bezirk ganz außergewöhnliche Bevölkerungsdichtigkeit bis zu 500 Menschen pro Hektar aufwies, zeigt sich jetzt als einzige Ausnahme die fünfgeschossige Bauweise auf einem geschlossenen Gebiet. Die viergeschossige Bauweise haben die Kernviertel der Großstädte Elberfeld, Barmen, Düsseldorf, Essen, Duisburg und Mülheim. Um den Stadtkern schließt sich dann die dreigeschossige Bauweise, die im übrigen die eigentlichen Ortslagen der kleineren Gemeinden haben. Oberhausen bildet eine Ausnahme, da es im ganzen Stadtgebiet mit einer nicht erwähnenswerten Ausnahme die viergeschossige Bauweise zuläßt und diese nur da ausfällt, wo es die Straßenbreite nicht zuläßt. Nach Mitteilung ist allerdings eine Revision dieser Verordnung im Gange, um die 3½-geschossige Bauweise einzuführen. Die zweigeschossige Bauweise liegt im wesentlichen an den Grenzen der Großstädte und dank der neuen Baupolizeiordnung für die Landkreise des Bezirks auf der großen Restfläche des Gebietes, der Reservewohnfläche der Zukunft.

Vergleich mit Groß-Berlin. Es ist erwünscht, hier einen zum Nachdenken anregenden Vergleich anzustellen, der klarstellt, welche Bedeutung die Festlegung einer niedrigen Geschoßzahl für einen größeren Bezirk hat.

Groß-Berlin und der engere Industriebezirk im Ruhr- und Emschergebiet haben nahezu den gleichen Entwickelungsgang ihrer Bevölkerungskurven. Das Wohnwesen der beiden Bevölkerungsgruppen im Osten und Westen ist aber grundverschieden. Im Osten herrscht die Mietskaserne vor, im Westen das Kleinhaus, den besseren Stand der Wohnkultur hat also zweifellos der Westen. —

Einen interessanten übersichtlichen Aufschluß über die Wohnweise bei den Gruppen gibt die Darstellung der Bezirke gleicher Geschoßzahl in gleichem Maßstabe auf Blatt 12 mit den Berechnungstabellen 33. Das Gebiet der fünfgeschossigen Bauweise ist als die schlechteste durch ganz schwarze Farbe hervorgehoben, die viergeschossige durch Kreuzschraffur, die drei- und zweigeschossige durch engere und weitere einfache Schraffur, die im Gebiet der offenen Bauweise gestrichelt zur Darstellung gebracht ist.

Blatt 10

Tabelle 33.

Die zulässigen Vollgeschosse nach Gebietsgrössen.

a) In dem Industriebezirk.

Name der Stadt bzw. der Gemeinde	Gesamtgröße ha	Es entfallen auf					
		2- geschossige Bauweise		3- geschossige Bauweise		4-	5-
		offen ha	geschlossen ha	offen ha	geschlossen ha	ha	ha
Hamborn	2240	1810,0	—	—	442,5	—	—
Duisburg	7070	1275,0	—	—	1786,0	433,0	—
Oberhausen	2100	—	—	—	—	2100,0	—
Mülheim	7010	4363,0	—	—	1760,0	887,5	—
Essen-Stadt	3870	487,5	1075,0	142,5	1657,5	507,5	—
Essen-Land	15265	11323,0	—	—	3942,0	—	—
	37555	19258,5	1075,0	142,5	9588,0	3928,0	—
		20333,5 ha		9730,5			
		54 %		26 %		10 %	

b) In Groß-Berlin.

Berlin	6341,0	—	—	—	—	—	6341,0
Charlottenburg	2343,0	—	—	—	—	—	2343,0
Reinickendorf	1007,0	—	—	—	—	1007,0	—
Ndr.-Schönhausen	549,9	62,0	—	—	112,9	375,0	—
Pankow	629,4	—	—	—	—	629,4	—
Heinersdorf	795,8	—	—	—	—	795,8	—
Weißensee	839,1	—	—	40,0	—	799,1	—
Hoh.-Schönhausen	912,5	—	—	482,5	430,0	—	—
Lichtenberg	1023,0	—	—	—	—	1023,0	—
Boxhagen und Rummelsburg	375,7	—	—	—	—	375,7	—
Stralau	131,1	—	—	—	—	131,7	—
Friedrichsfelde	1725,9	202,5	—	897,5	—	625,9	—
Treptow	804,8	262,5	—	—	—	542,3	—
Neukölln	1181,0	—	—	—	—	1181,0	—
Britz	1067,0	—	—	—	—	1067,0	—
Tempelhof	1055,7	—	—	—	—	1055,7	—
Mariendorf	1114,2	—	—	142,5	—	971,7	—
Grunewald	241,5	241,5	—	—	—	—	—
Schmargendorf	265,0	32,5	—	27,5	—	205,0	—
Dtsch.-Wilmersdorf	836,0	—	—	—	—	836,0	—
Friedenau	140,8	—	—	—	—	140,8	—
Schöneberg	1062,4	—	—	—	—	1062,4	—
Dahlem	691,4	638,9	—	52,5	—	—	—
Steglitz	575,1	185,1	—	—	—	390,0	—
Lankwitz	699,3	—	—	449,3	—	250,0	—
Gr.-Lichterfelde	1400,0	589,0	—	811,0	—	—	—
Zehlendorf Schlachtensee Nikolasee	2120,0	1623,0	—	177,0	—	320,0	—
	29927,6	3837,0	—	3079,8	542,9	13778,2	8684,0
		3837,0		3622,7			
		13 %		12 %		46 %	29 %

Grundsätzlicher Unterschied ist, daß der Industriebezirk des Nordwestens die fünfgeschossige Bauweise überhaupt nicht zeigt. Eine Ausnahme macht, wie bereits erwähnt ist, nur die Wupperstadt Elberfeld. Groß-Berlin hat auf 29% seiner Fläche die fünfgeschossige Bauweise mit den bekannten Blockparzellierungen schlimmster Sorte. Die viergeschossige Bauweise hat in Groß-Berlin 46%, im Industriebezirk 10%, die sinngemäß den 75% vier- und fünfgeschossiger Wohnfläche Groß-Berlins entgegen zu stellen sind. Die dreigeschossige Bauweise hat Groß-Berlin auf 12%, der Industriebezirk auf 26%, die Fläche der zweigeschossigen Bauweise ist im Industriebezirk zurzeit 54%, in Groß-Berlin nur 13%, und zwar nur für die bestsituierte Klasse der Bevölkerung reserviert, während sie im Industriebezirk allen Klassen der Bevölkerung dient.

Eine tief ergreifende klagende Mahnung tönt dem Kundigen aus dieser Darstellung Groß-Berlins entgegen. Er weiß, wie durch dieses System die Nation bleichsüchtig und entnervt wird und für weite Zukunft hinaus noch geschädigt werden soll, denn noch Millionen der Zukunft sind durch Polizeivorschrift zur gleichen Mietskaserne verurteilt. Er kennt die hohe Ziffer der Kindersterblichkeit, die z. B. bei Masererkrankungen in Vorderhäusern 22%, in Hinterhäusern bis zu 63% steigt, wo also das von Sonne, Licht und Luft entwöhnte Kind im Hinterhause geradezu unschuldig zum Tode verurteilt wird. Er kennt die tendenziöse, aber bis jetzt noch von keiner Seite widerlegte Statistik der Berliner Ortskrankenkasse der Kaufleute und Apotheker, die z. B. im Jahre 1907 die Untersuchung über 12 617 Patientenwohnungen veröffentlicht, wovon 1237 oder 9,1% in dunklen Räumen wohnten, von denen 114 nicht einmal ein Fenster besaßen, 485 Wohnungen feucht waren, 394 Räume keine Heizgelegenheit hatten. Er kennt aus eigener Anschauung diese ungesunden Massenquartiere mit ihren muffigen, lichtlosen Höfen als schlechtestes Dokument unserer Wohnkultur, um so schlechter, weil die Wohnungen teuer sind, so teuer, daß sie zu einer starken Belegungsziffer, zum Aftermietwesen führen müssen. Teuer wegen des Mangels geeigneter Kleinwohnungen, teuer wegen des ganzen Systems, das den Mieter zwingt, vermeidbare Spekulationswerte des Vorhändlers zu verzinsen. Teurer als im Industriebezirk mit seiner ganz anderen besseren gesunderen Hausform, wo z. B. die abgeschlossene einwandfreie Dreizimmerwohnung in gesunder, schöner Umgebung zurzeit 20% weniger kostet.

Wenn man die Darstellungen auf Blatt 13, welche aus dem Werke von Hegemann über die Berliner Städteausstellung entnommen sind, betrachtet und sich hiermit vergegenwärtigt, daß die ortsübliche Bauweise in der Umgebung Berlins die gleiche war wie in dem Industriebezirk, so kann man den Industriebezirk beglückwünschen dazu, daß seine Entwicklung später eingesetzt hat als diejenige der Reichshauptstadt, so daß er deren Irrweg auf dem Gebiete des Wohnungswesens als warnendes Beispiel vor sich sieht.

Wohl hat der Industriebezirk auch noch seine Mißstände; aber da sie noch wenig eingewurzelt sind, werden sie leichter auszumerzen sein, auch unter Beibehaltung guter Spekulationsgewinne aus dem Grund und Boden.

Der Westen muß bestrebt sein, mit allen Mitteln seine bessere Wohnkultur zur besten zu machen, damit sie zum Wohle der Nation bahnbrechend wird für den schlecht geleiteten Osten.

Nach diesen Parallelen ist speziell wieder unser Bezirk zu betrachten, um durch Vergleich der Unterbezirke gewisse Richtlinien für die Ansätze zum Besseren zu finden.

Die örtlichen Baupolizeivorschriften des Bezirks.

Die Angaben der Geschoßzahlen nach Bezirken sind nicht erschöpfend gebracht, um die Plandarstellung nicht zu unklar zu machen. Die Städte haben noch Sondervorschriften für einzelne Straßen, die unter Umständen sehr weitgehend sind und die im Einzelgebiet gegebene Geschoßzahl ganz durchgreifend ändern, insbesondere hat Düsseldorf alle Hauptstraßenzüge im Gebiet der dreigeschossigen Bauweise viergeschossig zugelassen. Es handelt sich dabei um etwa 167 km Straßenfront, was eine ganz bedeutende Durchbrechung der sonst vorgeschriebenen maximalen Stockwerkszahl für die Fläche der dreigeschossigen Bauweise bedeutet. Typen dieser Häuser zeigt Blatt 7. Außerdem sind die Vorschriften über den Ausbau und die Ausnutzung der Dachgeschosse von Einfluß. Läßt eine Stadt in den Dachgeschossen keine selbständigen Wohnungen zu in dem Dreigeschoßhause, während die andere in dem Zweigeschoßhause die Dachgeschosse voll ausbauen und beliebig benutzen läßt, so ist bezüglich der Zahl der Wohngeschosse annähernd dasselbe erreicht, wenn sich im ersteren Falle die Vorschriften durchführen lassen. Der zweite Fall ist der natürlichere und wirtschaftlichere.

Blatt 13

Von den übrigen Baupolizeivorschriften interessieren diejenigen über die zulässige Bebauung der Grundstücke nach Fläche und Höhe, die Flügelbauten und den zulässigen Ausbau der Dachgeschosse, da Hinterhäuser und Kellerwohnungen in dem Bezirk keine erwähnenswerte Rolle spielen, und endlich die Vorschriften der offenen Bauweise.

Von den Bauordnungen des Bezirks, welche zurzeit gelten, hat die Stadt Mülheim die älteste aufzuweisen. Sie stammt vom 1. August 1894, ist also beinahe zwei Jahrzehnte unberührt geblieben von den Fortschritten des Wohnungswesens und gilt mit der Ergänzungs-Baupolizei-Ordnung vom 20. März 1897, welche insbesondere bezüglich der Geschoßzahl keine Änderung brachte, im wesentlichen für die Altstadt. Mülheim gemeindete am 1. Januar 1904 die früheren Bürgermeistereien Saarn, Broich, Speldorf, Styrum und die Landgemeinde Holthausen ein. In diesem Gebiet ließ es die Regierungs-Baupolizeiordnung vom 1. August 1894 bestehen, trotzdem diese mit dem 26. Oktober 1903 eine Revision zum Besseren erfahren hatte. Erst in allerneuester Zeit, nachdem die Broich-Speldorfer Wald- und Gartenstadt-Gesellschaft mit Unterstützung der Stadtgemeinde den Gedanken einwandfreier Wohnviertel angebahnt hatte, wurde mit dem 12. April 1912 für den südöstlichen und südwestlichen Teil der Gemeinde die Landhausbebauung eingeführt.

Für die durch Aufteilung des Landkreises zum Stadtbezirk am 1. April 1910 getretenen Teile der Landgemeinden Heißen, Fulerum, Winkhausen und Dümpten gilt die Regierungs-Polizeiverordnung vom 26. Oktober 1903, die, wie erwähnt, inzwischen in der Umgebung der Stadt eine revidierte Neuauflage erfahren hatte, was im März 1912 wiederholt wurde, während Mülheim die beiden älteren Verordnungen für einzelne Gebietsteile noch immer besitzt.

Erst in neuester Zeit macht Mülheim, wie erwähnt, den bedeutenden Fortschritt mit seinen beiden Verordnungen, einmal Baubeschränkung im Gebiete um das neue Gymnasium, wo es höchstens drei Vollgeschosse bei 50% Hofraum unter Verbot von Seiten- und Hintergebäuden vorschreibt, und dann der Verordnung betreffend die landhausmäßige Bebauung in den Stadtteilen Broich, Speldorf, Saarn, Holthausen, Fulerum und Heißen, worin es vorschreibt, daß nur Wohnhäuser von höchstens 9 m Höhe bei 4 Zehntel des Grundstückes als Baufläche errichtet und von höchstens zwei Familien bewohnt werden, Hinter- und Seitengebäude nicht errichtet werden dürfen. Die Gebäude müssen beiderseits mindestens 5 m Abstand von der Grenze haben, wenn sie nicht gleichzeitig errichtet werden. § 8 läßt dann allerdings jede Ausnahme seitens der Ortspolizei zu.

Mülheim fehlt hiernach zurzeit noch die einheitlich über das ganze Gebiet organisierte Bauordnung. Für einen großen Teil seines Gebietes gelten noch recht rückständige Bauvorschriften, die unnötigerweise die viergeschossige Bauweise zulassen, was in keiner Weise bodenständig ist. Diese Behauptung findet in der örtlichen Bauweise und in der Wohnstatistik von 1911 einen Beleg, wonach in Mülheim im Durchschnitt Häuser mit 2,82 Wohnungen gebaut wurden, eine Zahl, die sich nur noch in Bremen — der Ein- und Zweifamilienhausstadt — besser findet.

Der Erlaß der Bauordnungen fällt bei allen übrigen Städten des Bezirks in die zweite Hälfte des letzten Jahrzehnts, und zwar wie folgt: Oberhausen 18. 4. 06, Düsseldorf 8. 5. 07, Essen 15. 5. 07, als endgültige Form der vorläufigen Ordnung vom 12. 12. 1903, welche dem Stadtgebiet bereits die Einteilung in Baugebiete gab mit einschneidenden Abstufungen der Hofraumgrößen, Elberfeld 20. 4. 09, Duisburg 26. 4. 11, Barmen 15. 5. 11, wonach Mülheim mit einer Teilordnung vom 12. April 1912 kommt.

Es wäre sehr erwünscht, die Vorschriften dieser Bauordnungen als Wohnungsreformer sorgfältig und unparteiisch unter die Lupe zu nehmen und dabei stets als Mindestanforderung die überall überwiegend übliche örtliche Bau- und Wohnweise anzunehmen. Hierdurch würde der Materie ein ganz außerordentlicher Dienst erwiesen und sicherlich manche jetzt nicht gute Bestimmung ausgemerzt werden. Eine derartige in die Einzelvorschriften der Bauordnungen eindringende Arbeit hat aber erst dann Zweck, wenn die Städte und Gemeinwesen sich freiwillig dieser sachlichen Beurteilung unterwerfen wollen mit der Zusage der Abänderung, sonst hätte sie nur rein akademischen Wert.

Es soll daher hier nur in großen Zügen ein Vergleich gezogen werden zwischen den parallel in den einzelnen Städten geltenden Vorschriften über Gebäudehöhe, Geschoßzahl, Hofgröße, Flügelbauten, Hinterhäuser, Dachgeschosse, offene Bauweise, also denjenigen Vorschriften, die im wesentlichen bereits allgemein erörtert sind.

Tabelle 34.

Beziehung der Gebäudehöhe zur Straßenbreite.

		Ausnahmen zulässig			Größte zul. Gebäudehöhe
	Gebäudehöhe darf Straßenbreite nicht überschreiten	in Baugebiet I, II u. III	u. bei Eckgebäuden	bei gew. Anlagen	
Essen		Es darf die Straßenbreite überschritten werden: an Straßen von 6 bis 11 m Breite um 2 m, an Straßen von 11 bis 13 m Breite bis zu einem Höchstmaß von 13 m.	Es kann die in der breiteren Straße zul. Höhe an der schmäleren Straße von der Ecke an gerechnet, 12 m weit fortgeführt werden.	Im Fabrikviertel, wenn sie um das entsprechende Maß hinter die Baufluchtlinie zurücktreten.	Baugebiet I u. II 18 m; in den übrigen Baugeb. 16 m
Elberfeld	Straßenbreite 8 m zulässige Gebäude-Höhe 14 m.	Bei über 8 m breiten Straßen wächst Gebäudehöhe um die Mehrbreite der Straße.	Bei weniger als 8 m breiten Straßen nimmt Gebäudehöhe entsprechend ab.	Bei Eckgebäuden für die Front in der schmäleren Straße Ausnahmen zulässig.	Größte zulässige Gebäudehöhe 24 m bis zur Dachfirst.

		Ausnahmen zulässig:	Größte zulässige Gebäudehöhe:
Düsseldorf	Die Höhe der Vorderhäuser an ihren Vorderfronten darf die Straßenbreite nicht überschreiten	An Straßen, welche nur auf einer Seite bebaut sind. Bei Eckgebäuden für die Front in der schmäleren Straße. Bei Grundstücken, die unmittelbar an ein Eckgrundstück anstoßen.	Bauzone I 20 m, „ II 16 bezw. 20 m, „ III 16 bezw. 20 m, „ IV 16 m, „ V 13 bezw. 16 m.
Barmen	Bauzone I. An Straßen bis 10 m Breite zulässige Gebäudehöhe b + 4 m. Bauzone II. An Straßen bis 10 m Breite zulässige Gebäudehöhe b + 2 m. Bauzone III. An Straßen bis 10 m Breite zulässige Gebäudehöhe gleich Straßenbreite, jedoch höchstens 15 m. Ausnahmen zulässig bei Straßen, die nur an einer Seite bebaut sind und bei Eckhäusern für die Front in der schmalen Straße.		an breiteren Straßen 9 m über halbe Straßenbreite, jedoch höchstens 18 m. an Straßen von 10 bis 14 m Breite 7 m über halbe Straßenbreite, jedoch höchstens 15 m.
Oberhausen	Zulässige Gebäudehöhe: An Straßen bis 10 m Breite b + $\dfrac{b}{4}$ An Straßen über 10 m Breite gleich Straßenbreite, jedoch höchstens 15 m. An Straßen, die nur auf einer Seite bebaut sind b + 5 m. Ausnahmen bei Eckhäusern für die Front in der schmalen Straße.		
Duisburg	Bauklasse I. An Straßen von 7 m Breite zulässige Gebäudehöhe 13 m. Bauklasse I. An Straßen über 7 bis 9,50 m Breite zulässige Gebäudehöhe 13 m + Mehrbreite der Straße. Bauklasse I. An Straßen unter 7 m Breite nimmt die zulässige Gebäudehöhe entsprechend ab. Bauklasse I. An Straßen von mehr als 9,50 bis 15,50 m Breite ist die Höhe von 15,50 m zulässig. Bauklasse II, III u. IV. An Straßen von 7 m Breite zulässige Gebäudehöhe 10 m. Bauklasse II, III u. IV. An Straßen über 7 bis 9,50 m Breite zulässige Gebäudehöhe 10 m + Mehrbreite der Straße. Bauklasse II, III u. IV. An Straßen unter 7 m Breite nimmt die zulässige Höhe in gleicher Weise ab. Bauklasse II, III u. IV. von mehr als 9,50 bis 13,00 m Breite zulässige Höhe 13 m. Größte zulässige Höhe in Bauklasse I 18 m, in Bauklasse II, III u. IV 16 m.		
Mülheim	Zulässige Gebäudehöhe 18 m.	Zulässige Höhe im Gebiet mit Baubeschränkung 12,50 m. Im Landhausviertel . . . . 9,00 m.	
Landkreise des Reg.-Bezirks Düsseldorf	Zulässige Gebäudehöhe **Straßenbreite + 2 m überall**. Größte zulässige Gebäudehöhe 13 m. Ausnahmen bei Eckhäusern für die Front in der schmalen Straße.		

Die zulässige Gebäudehöhe, in Beziehung zu der Straßenbreite gebracht, ist auf Tabelle 34 für die **Gebäudehöhe.**
Städte Essen, Elberfeld, Düsseldorf, Barmen, Oberhausen, Mülheim und die Landkreise des Regierungsbezirks Düsseldorf übersichtlich zusammengestellt.

Bemerkenswert ist hier, daß die Straßenbreite mit der Gebäudehöhe überschritten wird um:

6 m in Elberfeld an Straßen bis 8 m Breite,
6 m in Duisburg an Straßen von 9,50 m Breite in Bauklasse I
und an Straßen bis zu 7 m Breite,
6 bis 3,5 m in Duisburg an Straßen von 7 bis 9,50 m Breite in Bauklasse I,
6 bis 2 m in Duisburg an Straßen von 9,50 bis 13,50 m Breite in Bauklasse I,
4 m in Barmen an Straßen bis 10 m Breite in Bauzone I,
3,50 m in Barmen an Straßen bis 10 m Breite in Bauzone II,
3 m in Duisburg an Straßen bis 7 m Breite in Bauklasse II, III und IV,
2,50 m in Oberhausen an Straßen bis 10 m Breite,
2 m in Duisburg an Straßen bis 8 m Breite in Bauklasse II, III und IV,
2 m in Barmen an Straßen bis 10 m Breite in Bauklasse II,
2 m in Essen an Straßen von 6 bis 11 m Breite in Baugebiet I,
2 m in den Landkreisen des Regierungsbezirks.

Die Städte Elberfeld, Duisburg und Barmen haben also sehr weitgehende Konzessionen an die Gebäudehöhe in engen Straßen gemacht. Sie haben sich dadurch Straßenverbreiterungen und Durchbrüche in dem Gebiete ihrer Altstadt mehr erschwert, als es auf die Dauer erwünscht sein dürfte. Zu empfehlen ist im nationalökonomischen, allgemeinen Gesundheits- und auch im Verkehrsinteresse, für diese Gebiete eine Bestimmung aufzunehmen, wie sie die Essener Bauordnung hat:

„Das gänzliche oder teilweise Zurücktreten der Gebäude bis 1,5 m hinter die Straßenflucht ist, auch wenn eine besondere zurückliegende Bauflucht nicht besteht, mit besonderer Genehmigung der Baupolizeibehörde statthaft, wenn ein angemessener Anschluß an die Nachbargebäude hergestellt, das Gebäude zur Fluchtlinie parallel gestellt und die zwischen der festgesetzten Fluchtlinie und dem Gebäude liegende Fläche als Verbreiterung des Bürgersteiges angelegt, unterhalten und dem öffentlichen Verkehr übergeben wird. Dabei kann eine der Verbreiterung der Straße im Sinne des § 26 entsprechende Erhöhung der Straßenfront zugelassen werden."

Diese Vorschrift kann sinngemäß noch verbessert und für die Wirkung verfeinert werden.

Es ist bereits allgemein ausgeführt, daß die Bestimmungen über die Geschoßzahl der Wohnhäuser **Geschoßzahl.**
im Regierungsbezirke Düsseldorf wesentlich günstiger ist für das Wohnungswesen als z. B. in Großberlin. Auskunft über die einzelnen Gemeindegebiete geben die Tabellen 35 und 36 und Blatt 13, worin die zulässigen Vollgeschosse in den einzelnen Städten und ihren Baugebieten zusammengestellt sind. Diese Darstellung gibt erst dann ein vollständiges Bild, wenn man, wie erwähnt, die Vorschriften über die zulässige Bebauung und Bewohnung der Dachgeschosse in Vergleich zieht.

Aus Anlage 9 ist ersichtlich, daß Elberfeld allein die fünfgeschossige Bauweise zuläßt, alle übrigen Städte gehen bei Wohnhäusern nur bis zu vier Vollgeschossen, und zwar in der Regel in ihren ältesten Stadtteilen. Oberhausen bildet eine Ausnahme. Es läßt, wie erwähnt ist, nach der Bauordnung mit einer nicht nennenswerten Ausnahme für das ganze Stadtgebiet die viergeschossige Bauweise zu. Diese Bestimmung wird aber durch diejenige über Gebäudehöhe beeinträchtigt zu Gunsten des Hauses mit drei Vollgeschossen an Straßen unter 11 m Breite. Eine kleine Ausnahme zu Gunsten der zweigeschossigen Bauweise macht Oberhausen an etwa 500 m Straßenlänge, indem es allerdings unmittelbar die Abstandnahme von dieser Forderung zuläßt. Alle übrigen Städte haben der drei- und zweigeschossigen Bauweise mehr oder weniger große Gebiete zugeteilt. Die Größe der Baugebiete mit vorgeschriebener Zahl der Vollgeschosse ist aus Tabelle Nr. 36 ersichtlich und aus der graphischen Anlage Blatt 14 in Flächendarstellung zu entnehmen.

Bei genauerer Prüfung ergibt sich aus dieser Tabelle, daß mit der Feststellung der Größe des Baugebietes für eine bestimmte Geschoßzahl noch kein richtiges Vergleichsmaterial gefunden ist. In dem erwähnten Sonderfalle läßt Düsseldorf an Straßen von einer bestimmten Breite ab ein Geschoß mehr zu; z. B. im Gebiete der dreigeschossigen Bauweise vier Vollgeschosse. Geht man diesen Straßen nach, so

Tabelle 35.

Zahl der zulässigen Vollgeschosse.

Essen	Baugebiet I u. II	Baugebiet III IV u. IVa	Baugebiet V u. Va u. in den Baugebieten III, IV u. IVa an Straßen < als 10 m, ohne Einrechnung von Vorgarten
	4	3	2

Elberfeld	Altstadt	Innenzone	Außenzone	Landhaus-Viertel	Bemerkung: Sämtlich im Dachgeschoß ohne selbst. Wohnung
	5	4	3	2 u. 3	

Düsseldorf	Baukl. I	Baukl. II	Baukl. III	IVa	IVb	V	VIa	VIb
	4 bei Hinterwohn. 3	3 *) bei Hinterwohn. 2 *) 135 km Str. 4 Geschosse.	bis 20 m Bautiefe 3 sonst 2 bei Hinterwohn. wie in Baukl II	2	3	2	2	3

Duisburg	Baukl. I, II	Baukl. III, IV	Baukl. V u. VI (offene)
	4	3	2

Barmen	Bauzone I		Bauzone II		Bauzone III	
	an weniger als 7 m br. Straß.	2	bis 9 m Straßenbr.	2	bis 11 m Straßenbr.	2
	an 7—10 m br. Straßen	3	über 9 m „	3	über 11 m „	3
	an 10 u. mehr m br. Straß.	4				

Oberhausen	4 Geschosse	Bei 3- und 4-geschossigen Gebäuden Ausbau des Dachgeschosses mit selbständigen Wohnungen nicht zulässig.

Mülheim	4 Geschosse	3 Geschosse im Gebiet mit Baubeschränkung. 2 Geschosse im Landhaus-Viertel.

Landkreise des Reg.-Bezirks Düsseldorf	2 bezw. 3 bei städtischer oder industrieller Entwickelung, Gebäudehöhe 7,5 m überall, sonst b + 2 m; größte zul. Höhe 13 m.

Tabelle 36.

Größe der Baugebiete nach Vollgeschoßzahlen.

Städte	Größe des Stadt-gebiets	Größe der Bau-fläche	5 Geschosse		4 Geschosse		3 Geschosse geschlossen		3 Geschosse offen		2 Geschosse geschlossen		2 Geschosse offen		Bemerkungen
			ha	%[1]	ha	%[1]	ha	%[1]	ha	%[1]	ha	%[1]	ha	%[1]	
1	2	3	4	5	6	7	8	9	10	11	12	13	14	15	
Düsseldorf	11 156	8 877	—	—	1163[2] (2243)	10,5 (20,2)	3836 (2756)	34,5 (24,8)	332	3,0	3274	29,3	272	2,4	
Essen	3 875	3 025	—	—	666	17,2	1046	27,0	61	1,6	1162	30,0	90	2,3	
Mülheim	7 010	3 896	—	—	723	10,6	1354	19,2	—	—	116	1,7	1703	24,2	
Duisburg	7 072	4 945	—	—	333	4,7	4108	57,9	—	—	366	5,3	138	1,9	
Oberhausen	2 100	1 803	—	—	1803	85,8	—	—	—	—	—	—	—	—	
Hamborn[3]	2 240	1 990	—	—	—	—	213	—	31	—	127	—	495	—	1124 ha Frei-fläche.
Elberfeld	3 132	2 624	85	2,7	460	14,7	1917	61,2	52	1,7	—	—	110	3,5	
Barmen	2 173	1 639	—	—	446	20,6	724	33,4	279	12,8	—	—	190	8,7	

[1] % der Spalte 2.
[2] In Düsseldorf liegen 167 km Straßen mit 4geschossiger Bauweise im 3geschossigen Baugebiet. Infolgedessen sind 1080 ha der 4 geschossigen Bauweise zu-, und der 3 geschossigen abzuzählen. Siehe die ()-Zahlen.
[3] In Hamborn gilt z. Zt. noch die Bauordnung für die Landkreise. Eine neue Bauordnung ist in Bearbeitung. Die angegebenen Zahlen entsprechen dem derzeitigen Stand der Bebauung; über die Freifläche ist bezügl. der Geschoßzahl noch nicht verfügt.

ergibt sich ihre Länge zurzeit mit 167 km, was eine große Baufläche viergeschossiger Häuser von dem Gebiet der dreigeschossigen Bauweise in dasjenige der viergeschossigen hinüberschiebt. Erst nachdem dies geschehen ist, erhält man genaues Vergleichsmaterial. Das Gebiet der viergeschossigen Bauweise steigt hiernach von 890 ha etwa auf das Doppelte, nämlich 1559 ha, und die Prozentsätze der Anteile der einzelnen Baugebiete von dem Gesamtstadtgebiet ändern sich entsprechend. Es ist vorläufig davon abgesehen, diese Prüfung weiter fortzusetzen. Bemerkenswert ist nur noch, daß Düsseldorf mit der Bauklasseneinteilung zu Gunsten der Flächen die Einheitlichkeit der Straßenzüge sehr vernachlässigt. Die Grafenberger Allee gehört z. B. auf zwei Kilometer Länge sechs verschiedenen Bauklassen an. Dies wird sich schwer mit dem gleichmäßigen Charakter der Radialstraße in Einklang bringen lassen und zweifellos zu berechtigten Konflikten führen.

Einen raschen Vergleich über die Größe der Baugebiete nach der Zahl der Vollgeschosse liefert die graphische Darstellung auf Blatt 15, wo die Städte nach der Größe der Gebiete zweigeschossiger Bauweise aneinandergereiht sind. Nach dieser Zusammenstellung steht Essen an der Spitze. Es hat 32,3% der Stadtfläche mit zweigeschossiger Bauweise belegt, wobei im wirtschaftlichen Interesse die Dachgeschosse voll ausgebaut und bewohnt werden können. Als Gegensatz läßt sich der Prozentsatz Oberhausens als zu klein nicht mehr darstellen. Elberfeld folgt unmittelbar nach Oberhausen mit nur 3,5%, dann Duisburg mit 7,2% und Barmen mit 8,7% beinahe gleichwertig. Mülheim mit 25,9 und Hamborn mit 27,6 stehen ebenfalls beinahe gleich und Düsseldorf mit 31,7% nähert sich Essen.

Oberhausen fällt dadurch auf, daß es auf dem ganzen für Hausbau verfügbaren Stadtgebiet viergeschossige Bauweise hat. Dagegen glänzt das Nesthäkchen unserer Industriegroßstädte, Hamborn, zurzeit mit nur zwei- und dreigeschossiger Bauweise. Düsseldorf und Barmen haben annähernd gleich großen Prozentsatz mit viergeschossiger Bauweise belegt, Duisburg steht mit 4,7% weit unter Mülheim mit 10,6%. Elberfeld nimmt mit 2,7% fünfgeschossiger Bauweise eine Sonderstellung ein.

Hofgrößen. Die Licht und Luft spendenden Flächen für die Gebäude sind Straßen und Höfe. Die Straßen sind im vorigen Abschnitt erledigt mit dem Ergebnis, daß eine Reihe von Städten im Altstadtgebiet ein besseres Verhältnis zwischen Gebäudehöhe und Straßenbreite anstreben sollen, zumal zu bedenken ist, daß bei genauer Feststellung ein großer Teil der Altstadtstraßen keine Geschäftstraßen sind und nur schlummernde Werte haben.

Auskunft über die vorgeschriebenen Hofraumgrößen gibt Tabelle 37. Man sieht hier vier Grundsätze niedergelegt.

Der schlechteste ist wohl der, in dem ganzen Stadtgebiet unabhängig von der Lage der Baustelle und der Höhe des Gebäudes den gleichen Hofraum zu verlangen. Hierdurch werden die schlechten Zustände der Innenstadt systematisch in die Außenstadt verpflanzt, dort unter Steigerung der Grundstückspreise zu Ungunsten der öffentlichen Gesundheitspflege. Diesen Grundsatz vertritt zurzeit noch Oberhausen mit 33% Hoffläche im ganzen Stadtgebiet.

Der zweite Grundsatz liegt in der systematisch abgestuften Vergrößerung der Hofräume nach bestimmten Straßen oder besser nach Gebieten. Er ist nach den Ordnungen vertreten in Essen seit 1903, in Düsseldorf seit 1907 — die alte Ordnung von 1894 hatte nur eine Innen- und eine Außenzone —, in Elberfeld seit 1909, in Duisburg und Barmen seit 1911.

Der dritte durchaus richtige Grundsatz, den Hofraum mit dem Höhenumfang des Gebäudes, d. h. der Geschoßzahl zu vergrößern, findet sich nur in der Stadt Essen und in den Landkreisen des Bezirks. Es wäre erwünscht, daß dieser Grundsatz noch mehr Verbreitung fände.

Der vierte Grundsatz, sich der Entstehung einer bestimmten Wohnungsgattung, der Hinterwohnung oder dem Hintergebäude und Seitenflügel entgegen zu stemmen, findet sich in den Bauordnungen von Elberfeld, Düsseldorf und Duisburg in einzelnen Bauklassen.

Der Begriff der Hinterwohnung ist allerdings sehr verschieden. So nimmt z. B. Düsseldorf an: Eine Wohnung im Flügelanbau des Vorderhauses bis zu 30 m Tiefe hinter der Bauflucht (bei Hofgemeinschaft), welche unmittelbar mit einer notwendigen Treppe oder einem notwendigen Treppenzugang des Vorderhauses in Verbindung steht, ist keine Hinterwohnung (§ 59). Das dürfte wohl zu den schlechten Wohnungsverhältnissen des Ostens passen, aber nicht richtig sein für unsere besseren Verhältnisse.

Elberfeld und Duisburg stellen höhere Anforderungen an den Hofraum, wenn Hintergebäude mit (selbständigen) Hinterwohnungen oder Anbauten mit solchen errichtet werden.

Tabelle 37.

Hofgrößen. (Reihengrundstücke.)

	Baugebiet I	Baugebiet II	Baugebiet III	Baugebiet IV und IVa	Baugebiet V und Va
Essen	25% bei 2 u. 3 Gesch. 30% „ 4 „	30% bei 2 Gesch. 35% „ 3 „ 40% „ 4 „	35% bei 2 Gesch. 50% „ 3 „ 55% „ 4 „	40% bei 2 Gesch. 50% „ 3 „ 60% „ 4 „	50% bei 2 Gesch. 55% „ 3 „

	Altstadt und Innenzone		Außenzone	Landhausviertel		
				allseit. Bauwich	einseit. Bauwich	ohne Bauwich
Elberfeld	25%	bei Hintergebäuden und Seitenflügeln 33%	50%	60%	50%	40%

	Bauklasse I		Bauklasse II		Baukl. III	Baukl. IV	Baukl. V	VIa u. VIb	Baukl. VII
Düsseldorf	33%	bei Hinterwohn. 50%	50%	bei Hinterwohn. 66%	60%	60%	60%	60%	40% bei Hinter-Baufluchtlinien

	Bauklasse I		Bauklasse II u. III		Baukl. IV u. V	Baukl. VI (offen)
Duisburg	25%	bei Hinterwohn. 33%	33%	bei Hinterwohn. 50%	50%	60—50%

	Bauzone I	Bauzone II	Bauzone III
Barmen	25%	50%	60%

Oberhausen	33% überall

Mülheim	25% in Altstadt, Styrum, Broich und Teil Speldorf bei 36 qm Minimum	25% Dümpten u. Heißen bei unter 8 m Gebäudehöhe 33⅓% „ „ „ „ über 8 m „ 60% „ „ „ „ „ 12 m „	Landhausviertel 60%

	33% im allgemeinen bis 7,5 m Gebäudehöhe	darüber bis 11 m Gebäudehöhe 40%	über 11 m Gebäudehöhe 50%
Landkreise des Reg.-Bezirks Düsseldorf	bei städtischer oder industrieller Entwickelung	25% bis 7,5 m Gebäudehöhe 33% „ 11,0 m „ 40% über 11,0 m „	

Diese Bestimmungen sind zu umgehen und werden besser durch andere wirkungsvolle ersetzt, indem sinngemäß eine rückwärtige Baufluchtlinie bei entsprechender Blockteilung des Bebauungsplanes angestrebt wird, wie an anderer Stelle ausgeführt ist.

Der Prozentsatz der Freiflächen für Hofraum auf den einzelnen Grundstücken schwankt zwischen 25 und 60%. Bei genauerer Prüfung ergibt es sich, daß im Interesse der Allgemeinheit in einzelnen Stadtbezirken innerhalb der Baugebiete noch sehr gut zu erhöhende Anforderungen gestellt werden könnten, ohne besondere wirtschaftliche Schädigung, indem es sich dann dort nur um einen entgangenen Gewinn handeln dürfte. Außerdem müßten die Gebäudegattungen: Geschäfts-, Bureau- und Wohnhaus verschieden behandelt werden.

Flügelbauten. Die Flügelbauten an Wohngebäuden haben eine besondere Beachtung zu finden, weil sie, wie oben bereits allgemein ausgeführt ist, die Besonnung und Durchlüftungsmöglichkeit der Baublocks und der Wohnungen ungemein verschlechtern. Die Abmessungen der Flügelbauten werden bestimmt durch ihre Länge und ihre Höhe. Die Länge wird entweder durch ein konstantes von der Bauflucht oder durch ein von der Hinterfront des Hauses ausgehendes Maß bestimmt, rückt also mit dieser Hinterfront, d. h. mit der wachsenden Tiefe des Vorderhauses in den Block hinein. Die Höhe der Flügelbauten ist in einzelnen Ordnungen unbeschränkt, kann also sinngemäss größer sein als beim Vorderhause. In anderen Ordnungen wird sie beschränkt, einmal, indem die Höhe des Vorderhauses bestimmend ist für die durchgehende Maximalhöhe, oder es tritt weitere Beschränkung der Flügelhöhe ein, je länger der Flügel wird, indem sie von der Breite des davorliegenden Hofraumes abhängig gemacht wird. Vergleiche Tabelle 38.

Die Beschränkung der Flügelbauten hat gesundheitliche Tendenz und bezweckt, gleichzeitig die Behausungsziffer herabzudrücken. Aus diesem Grunde trifft die Essener Bauordnung den Kern dieser Bestrebung, indem sie Flügelbauten über 6 m Tiefe hinter der Hoffront des Hauses verbietet, wenn die Häuser bestimmt oder geeignet sind, mehr als acht Familien aufzunehmen. Diese Bestimmung soll in der revidierten Ordnung noch verschärft werden im Interesse der Güte der Kleinwohnungen.

Das Höchstmaß der Flügeltiefen ist in Essen 12 m hinter der Hoffront des Hauses, wobei die Höhe bis 6 m gleich der des Vorderhauses, dann eine Höhenbeschränkung nach Maßgabe der Hofraumbreite und des Baugebietes eintritt, so daß schließlich der Teil des Flügels von 6 bis 12 m Tiefe nicht höher sein darf, als der davorliegende Hofraum, also in der Regel eingeschossig wird infolge der geringen Parzellenbreite.

Die Vorschriften über Flügelbauten sind schwer aus den übrigen Bauordnungen zu entnehmen, weil ihnen trotz ihrer großen Wichtigkeit fast nirgends ein besonderer Paragraph gewidmet ist.

Keine Vorschrift über die Flügeltiefe haben die Städte: Elberfeld, Duisburg, Mülheim, Oberhausen und die Landkreise des Regierungsbezirkes. Barmen geht bis 25 m hinter die Straßenflucht, Düsseldorf bis 18 m hinter die Vorderfront des Hauses. Daß unter dieser Vorschrift trotzdem recht massive Flügelbauten entstehen können, beweisen die Abbildungen.

Die Vorschriften über die Höhe der Flügelbauten sind in Tabelle 38 zusammengestellt. Sie sind sehr mannigfaltig und zum Teil sehr weitgehend, wie Schulbeispiele zeigen, die sich die einzelnen Städte zu Gemüte führen sollten, um, von dem Grundsatze ausgehend, daß die Wohnweise des Westens eine durchgehend andere und bessere ist als diejenige des Ostens, in eine Revision dieser Bestimmungen einzutreten.

Wenn die Straßenfassaden unserer Häuser noch so sehr „hui" sind, wird unsere Wohnungsfrage in gesundheitlicher Hinsicht keinen wesentlichen Schritt vorwärts gebracht, so lange nicht mit dem „Pfui" in den Blockinnern aufgeräumt ist.

Die sinngemäße Einführung der rückwärtigen Bauflucht in die Bauordnungen, wobei Bauwerke und Bauteile über eine bestimmte Entfernung von der Bauflucht aus nicht zulässig sind, wird uns hier sehr gut vorwärts bringen.

Dachgeschosse. Den eingehenden Ausführungen über den Ausbau der Dachgeschosse brauchen hier nur die Bestimmungen der einzelnen Städte beigefügt zu werden. Diese Bestimmungen lassen sich nach folgender Gruppen zusammenfassen:

Tabelle 38.

Hinterhäuser und Flügelbauten für Wohnzwecke.

Beschränkung der Höhe um 2 m, wenn im Hinterhaus oder Flügel eine selbst. Wohnung vorhanden.

Elberfeld	Flügel auf 8 m so hoch als Vorderhausvorderfront	Altstadt: Hofbreite + 4 bzw. 5 m Innenzone: „ + 4 m Außenzone: „ + 2 m	also abhängig von der Hofbreite bezw. Tiefe bei Hinterhäusern. Flügellänge unbeschränkt.
Düsseldorf	Höhe der Flügel und der Hintergebäude		Bauklasse I: Hofbreite + 5 m.
Duisburg	Bauklasse I, II, III: Hinterhäuser und Anbauten mit selbst. Wohnungen		3 Geschosse.
Mülheim	Hinterhäuser und Flügel: 2 Geschosse bei 4 m Hofbreiten 3 und mehr „ „ 6 m „		Flügellänge unbeschränkt. Im Landhausviertel Flügel untersagt.
Essen	Flügel bis 6 m hinter Rückfront so hoch als vorn, darüber hinaus überhaupt nur an Häusern mit 8 Familien Maximum		
	Baugebiet I und II: h = b + 4 m „ III „ IV: h = b + 2 m „ V „ Va: h = b.		über 12 m Länge Seitenflügel nicht gestattet.
Barmen	Hintergebäude und Flügel-Geschoßzahl in Bauzone 1 und 2: 3 Geschosse „ „ 3: 2 „		im Dachgeschoß keine Wohnräume.
Oberhausen	Flügelbauten bis 15 m hinter der Bauflucht so hoch wie Vorderhaus, darüber hinaus Flügel und Hinterhäuser 10 m Max. Flügellängen unbeschränkt.		
Landkreis	Bis 4 m hinter der Rückfront so hoch als Straßenfront; darüber noch Hofbreiten nach den Bestimmungen über Straßenfronthöhe. Flügellängen unbeschränkt.		

Einmal ist die **selbständige Wohnung verboten**, d. h. die Nutzung des Dachgeschosses ist beschränkt, wobei noch zwei Unterabteilungen zu scheiden sind,

zum ersten, der Ausbau des Dachgeschosses ist beschränkt auf die Hälfte:
in Essen bei viergeschossigen Häusern,
in Oberhausen bei drei- und viergeschossigen Häusern,
in Düsseldorf und Duisburg durchweg;

zum zweiten der Ausbau ist unbeschränkt:
in den Landkreisen bei dreigeschossigen Häusern,
in Elberfeld durchweg.

Sodann sind **selbständige Wohnungen gestattet**,
indem zum ersten der Ausbau beschränkt ist:
in den Landkreisen bei zweigeschossigen Häusern bis auf die Hälfte,
in Essen bei dreigeschossigen Häusern mit mehr als 6 Familien bis auf die Hälfte, mit nicht mehr als 6 Familien in den Vollgeschossen bis auf Dreiviertel, mit nicht mehr als 3 Familien in den Vollgeschossen bis zu 6 Räumen,
Barmen bis zur Hälfte,
Mülheim desgl., soweit die Ordnung vom 26. Oktober 1903 gilt,
Oberhausen Dreiviertel,

zum zweiten der Ausbau unbeschränkt ist:
in Essen bei 1 und 2 Familienhäusern und Häusern mit 2 Vollgeschossen,
in Mülheim, soweit die Verordnung vom 1. August 1894 und vom 12. April 1912 gelten.

Man sieht also, alle Arten der bemängelten Vorschriften sind vertreten.

Offene Bauweise. Die Vorschriften über offene Bauweise umfassen diejenigen zum Bau des einzelstehenden, des Doppelhauses und der Gruppenbauten. Man ist in den letzten Jahren von der noch im Anfang dieses Jahrzehnts beliebten Vorschrift der offenen Bauweise, beschränkt nur auf das Einzel- und Doppelhaus, abgekommen und läßt jetzt überall Gruppenbauten zu. Die Gruppenlängen sind auf Tabelle 39 zusammengestellt.

In seinem schwachen Ansatz zur offenen Bauweise geht Oberhausen nur zum Doppelhaus mit 30 m Gruppenlänge, Barmen und Elberfeld bis 36 m, Duisburg in dem Bezirk Meiderich bis 30, sonst bis 40 m, Essen bis 50 m und an Ecken bis 65 m. Außerdem hat Essen noch eine Bestimmung zur Begünstigung der Ein- und Zweifamilienhäuser.

Werden nämlich im Gebiet der zweigeschossigen offenen Bauweise solche Häuser zu Gruppen zusammengeschlossen, so können diese Gruppen die Gesamtlänge zweier gegenüberliegender Baublockseiten einnehmen, wenn die beiden anderen Blockseiten ganz unbebaut bleiben. Es entsteht dann etwa nebenstehende Abbildung.

Außerdem läßt Essen in den Grenzbauwichen gemeinsame eingeschossige Zwischenbauten zu, um die Nachteile der Bauwiche möglichst auszugleichen.

Duisburg hat in seiner Baupolizeivorschrift für Bauklasse VI noch bestimmte Vorgartenbreiten von 3,50 und 6 m vorgeschrieben. Eine derartige Vorschrift dürfte ohne Fluchtlinienfestsetzung wohl keine Gültigkeit haben.

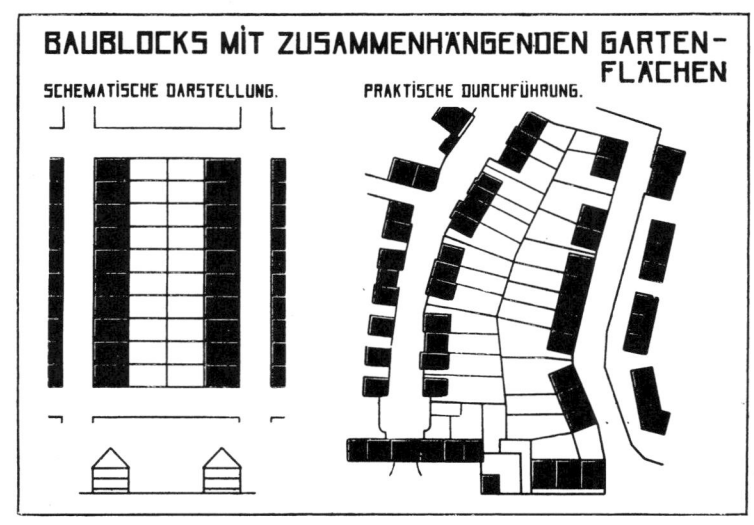

Die Grenzabstände am Ende der Einzelhäuser oder Gebäudegruppen variieren meistens, je nachdem die Häuser zwei oder drei Geschosse haben oder die Zahl der Häuser in der Gruppe wächst.

Tabelle 39.

Offene Bauweise.

Stadt	Geschoß-zahl	Grenzabstände		Gruppenlänge	Bemerkungen
		Einzelhaus	Gruppenbau		
Die Landkreise	2	2,5 m bei 7,5 m max. Gebäudehöhe, 3 m bis 11 m Gebäudehöhe, 4 m bei mehr als 11 m Gebäudehöhe.	4 m	bis 40 m	
Essen	2—3	1. bei 3 Geschossen: $3\,m + \frac{1}{15}$ Gebäudetiefe; 2. bei 2 Geschossen: $2\,m + \frac{1}{15}$ Gebäudetiefe.	bei 30—40 m Länge 3 m; bei 40—50 m Länge 4 m; über 50 m Länge 5 m.	2 Häuser bis 30 m; mehrere Häuser bis 50 m; An Ecken bis 65 m.	Bis 18 m hinter Bauflucht. Zwei gegenüberliegende Parallelseiten von Baublocks können mit Ein- und Zweifamilienhäusern zugebaut werden, wenn die beiden anderen Blockseiten offen bleiben.
Düsseldorf	2	1. enge offene Bebauung		ohne Angabe nach Maßen; offenbar nur bis zu 3 Häusern	Flügelbauten zulässig; bei 1. bis 16 m hinter die Bauflucht, bei 2. ohne Vorschrift. Nur Ein- und Zweifamilienhäuser, bei Ecken Drei-Familienhäuser zulässig.
		4 m	für 2 Häuser: 5 m für 3 Häuser: 6 m		
	2 bei Ecken 3	2. weite offene Bebauung			
		5 m	für 2 Häuser: 8 m für 3 Häuser: 10 m		
1. Duisburg 2. Duisburg-Meiderich	2	1. 5,00 m 2. 3,50 m		1. bis 40 m; im allgemeinen 2 Häuser, ausnahmsweise mehr. 2. bis 30 m.	1. Vorgärten 6 m; Bebauung bis 20 m Tiefe hinter Bauflucht. 2. Vorgärten 3,50 m.
Barmen	2 u. 3	1. offene Bebauung		bis 36 m	Hintergebäude zulässig. Ortsstatute.
		a) bei 2 Geschossen u. bis 20 m Länge: 4 m; b) bei 3 Geschossen oder mehr als 20 m Länge: 5 m;			
	2 jedoch Kellerausbau bis 3 m über Terrain gestattet.	2. Landhausbau		2 Gebäude bis zu 36 m Länge.	
		min. 5 m, außerdem $+ \frac{h}{10} + \frac{t}{10} + \frac{l}{10}$; h = Fronthöhe, t = Bautiefe, l = Frontlänge.			
Elberfeld	2½ u. 3½	3 m (z. T. 2 m)		36 m, evtl. bis 45 m, wenn nur 3 Häuser und 1 Familie pro Geschoß.	
Mülheim	2	5 m		Ohne nähere Bestimmung, jedoch gestattet.	Nur Ein- und Zwei-Familienhäuser!
Oberhausen	2	2,50 m		2 Häuser bis 30 m.	

In Oberhausen ist er konstant 2,50 m, in Essen variiert er außer mit der Geschoßzahl und Gruppenlänge noch mit der Gebäudetiefe, im Landhausviertel von Barmen mit Fronthöhe, Bautiefe und Frontlänge. Die Grenzabstände liegen zwischen 2,50 und 6 m.

Ergebnis der Betrachtungen über Bauvorschriften. Das Ergebnis der Betrachtungen über die jetzige Siedelungsweise des Bezirks und die Bauvorschriften, welche sie für die nächste Zukunft regeln, kann übersichtlich wie folgt, zusammengefaßt werden:

Das bestehende Wohnungswesen ist, von einzelnen Ausnahmen abgesehen, nicht schlecht und jedenfalls wesentlich besser, als dasjenige der ähnlichen Menschenansammlung Groß-Berlins. Es ist aber doch wesentlich verbesserungsbedürftig. Die Verbesserung kann erreicht werden durch den Generalsiedelungsplan, der die Interessen der Grenzgebiete der Gemeinden ausgleicht, und durch Revision der geltenden Bauvorschriften.

Die Revision der geltenden Bauvorschriften hätte sich zu erstrecken auf allgemeine Einführung der Gebietseinteilung unter Berücksichtigung der Nachbargemeinden und auf den detaillierbaren Ausbau der bestehenden Gebietseinteilungen. Die Städte Oberhausen und Mülheim, dann die Landgemeinden, die bereits Stadtumfang annehmen, kommen hier in erster Linie in Betracht. Sie müssen sich den einheitlichen Organismus der Bauvorschrift schaffen.

Soweit die Bauvorschriften im einzelnen das Wohnungswesen treffen, müßten sie ebenfalls revidiert werden, von dem Gesichtspunkte ausgehend, daß die bodenständige Bauweise verbessert werden muß, soweit sie gut ist, daß aber keine fremden Vorschriften eingeführt werden dürfen, die das Wohnungswesen verschlechtern.

Hier kommen in erster Linie die Vorschriften über Geschoßzahl, Gebäudehöhe, namentlich in den Altstadtvierteln, die Flügelbauten und Hinterhäuser in Frage.

Es tritt die Forderung ein, die Hofräume mit der Geschoßzahl zu vergrößern. An Stelle der geschlossenen Bauweise müßte nach Möglichkeit die Gruppenbebauung eingeführt werden. Die Erreichung der rückwärtigen Baufluchten müßte überall der Endzweck sein, soweit Wohnblocks in Frage kommen.

Bebauungspläne. Die durch moderne Großstadtsiedelungen gezeigten Mißstände auf dem Gebiete des Wohnungs- und Verkehrswesens ließen im Laufe der letzten beiden Jahrzehnte die Lehre vom Städtebau neu erstehen. Diese Lehre beginnt Gemeingut zu werden und die schematischen Bebauungspläne müssen neuen Plänen Platz machen, die den Grundsätzen des Verkehrswesens, der Gesundheit, der Wirtschaftlichkeit und Ästhetik Rechnung tragend, individuell gestaltet werden.

Die Forderungen des Verkehrswesens sind an erster Stelle genannt, weil sie stets für das Plangerippe maßgebend sein müssen, insbesondere in der hier vorliegenden Aufgabe, die eine Planung von Städtegruppen behandelt, welche sich unter ganz bestimmten Verkehrsbeziehungen zu einander mit Sicherheit zu einem Gesamtorganismus zusammenschließen werden. Die durchgehenden Verkehrsstraßen sind bestimmend für die Lage und Anschlüsse der Detailpläne, daher müssen sie stets zunächst festgelegt werden. Diesen Forderungen im Interesse des Verkehrs trugen die meisten Bebauungspläne des Bezirks bisher nicht genügend Rechnung, weil sie fast durchgängig die Verkehrsbeziehungen über die Gemeindegrenze hinaus nicht oder wenigstens nicht genügend berücksichtigt haben. Das beweist ein Blick auf das Straßenbahnnetz Blatt 16, für das im wesentlichen die Provinzialstraßen maßgebend waren.

Die Forderungen der Gesundheit sind ebenfalls nicht genügend berücksichtigt. Dies zeigt an erster Stelle der Umstand, daß die Aufgabe der Erhaltung und Ergänzung der Grünflächen Anlaß zu dieser Arbeit gab. Die Grünflächen in genügendem Umfang fehlen fast überall in den Detailplänen.

Aber noch in anderer Weise wird grundsätzlich gegen die Lehre der öffentlichen Gesundheitspflege verstoßen. Bei Planung der Fluchtlinien oder Feststellung der Baufronten wird die Sonnenstellung nicht berücksichtigt. Die Nordlagen müssen auf das kleinstmögliche Maß heruntergedrückt werden, in jedem Wohnraum sollte die Sonne wenigstens einige Stunden des Tages Gesundheit und Lebensfreude hineintragen. Wo die Sonne hinkommt, braucht der Arzt nicht hinzugehen.

Um dies zu erreichen, gibt es zwei Möglichkeiten. Entweder man vermeidet die Lage Ost-West für die Baufluchtlinien oder beschränkt die Bebauung an diesen Fronten auf ein Minimum wie das letzte Textbild zeigt.

Die häufig vorgefundene Ostwestlage der Straßen in den Stadtplänen verdankt dem Umstande ihr Dasein, daß die Pläne auf dem Reißbrett nach Norden orientiert werden und das Handwerkszeug des Zeichners Reißschiene und Dreieck für die Linienführung dann bestimmend sind. Derartigem Vorgehen verdankt z. B. der Plan von Oberhausen sein Dasein, und nach Eingemeindung der Vororte von Essen wurden viele Kilometer derartiger Planfluchten im Interesse der Gesundheit, aber auch des Verkehrs förmlich wieder aufgehoben.

Der Blockteilung ist größte Aufmerksamkeit zuzuwenden. Wohnblocks müssen andere Form haben, als die Blocks für Kleingewerbe an den Hauptverkehrsstraßen.

Die Wirtschaftlichkeit der Bebauungspläne liegt in der richtigen Annahme der Straßennivellements zum Gelände, mit dem Endzweck, bei Vermeidung großer Erdbewegungen die Ausbaukosten möglichst zu verbilligen, den Anbau zu erleichtern, und außerdem in der Individualisierung der Straßenbreiten und der Blockabmessungen. Für erstere ist bei der oft welligen und hügeligen Geländegestaltung des Bezirks nicht nur die einzelne Straße, sondern auch die abhängige Straßengruppe zu berücksichtigen, wobei unter Konzentrierung der Kosten auf Kunstbauten an einer Stelle, hier mit scheinbaren Mehrkosten, doch für eine größere Stadtfläche oft ein wesentlich wirtschaftlicherer und auch ästhetischer Vorteil erreicht werden kann.

Die Individualisierung der Straßenbreiten liegt in der Scheidung der Verkehrsstraßen verschiedener Ordnung und der reinen Wohnstraße, deren Nutzbreite auf ein Minimum herabgedrückt wird zwecks Verbilligung der Anbaukosten. Diese Individualisierung der Straßen ist in den meisten Gemeinden noch nicht genügend durchgeführt. Die Stadt Essen ist in der Charakterisierung der Straßen wohl am weitesten gegangen. Sie besaß im Jahre 1912 etwa 20 km Straßen von 10 m und weniger Breite, die, von privaten und öffentlichen Vorgärten umrahmt, den erwünschten Häuserabstand und angenehme Wohnlage bieten.

Die ästhetischen Forderungen finden ihre Erfüllung in der Fluchtlinienführung und dem Straßennivellement als Grundlage und endlich in dem vertikalen Aufbau. Da der Fernblick innerhalb der Straßen- und Platzwandungen der Städte sich in der Regel nur auf etwa zweihundert bis dreihundert Meter beschränkt, treten ästhetische Forderungen oft noch als Detailaufgaben mit dankbaren Motiven auf. Bei bergigem Gelände kommt dann außerdem noch die Fernwirkung als neues Moment hinzu, um reizvolle und dankbare Städtebilder zu schaffen.

Im großen und ganzen besitzen die in Frage kommenden Gemeinden des Bezirkes keine Bebauungspläne, welche diesen Grundsätzen entsprechen. Einmal entstammen sie, wie erwähnt, mehr oder minder dem engeren örtlichen Erweiterungsbedürfnis, und fast überall sehen wir die städtische Bebauung sich sternförmig längs der Provinzialstraßen ausdehnen, eine an und für sich unwirtschaftliche Entwickelung des städtischen Organismus. Soweit die Revisionen noch nicht eingesetzt haben, mußten sie unverzüglich vorgenommen werden. Den schematischten Bebauungsplan des Bezirkes, zusammengesetzt aus rechteckigen Baublocks, weist Oberhausen auf, sein Plan gleicht den Schachbrettplänen amerikanischer und australischer Städte. Es hatte keinen historischen Kristallisationspunkt, wie sie die nierenförmigen Altstadtgebilde von Essen, Duisburg und Mülheim darstellen, die infolge der Angliederung neuer Stadtteile den Ansprüchen des modernen Verkehrs durchaus nicht mehr gewachsen sind. Essen und Duisburg gehen planmäßig an die Beseitigung dieser Mißstände heran. Essen ist bereits an der praktischen Durchführung seiner Altstadtdurchbrüche angelangt. Hier ist auch der generelle Bebauungsplan der zukünftigen Stadterweiterung mit den Beziehungen zu den Nachbargemeinden und Nachbarstädten am weitesten durchgeführt. Es ist gelungen, Verkehrsstraßen in einer Minimalbreite von 24 m durch Verträge mit den Grundstückseigentümern und durch Verhandlungen mit den in Frage kommenden Gemeinden bis auf 10 km Entfernung von der Stadt zu sichern.

Mülheim besitzt mit Ausnahme eines unzureichenden Pharusplanes noch keinen Stadtplan und beginnt erst neuerdings einen generellen Bebauungsplan zu entwerfen. Es hatte hier wie bei den Bauvorschriften noch nicht die Zeit, sich auf dem großen Eingemeindungsgebiete häuslich einzurichten. Elberfeld und Barmen, die sich bisher im wesentlichen in der Talsohle entwickelt hatten, beginnen die Höhen zu erklettern und werden mit Rücksicht auf ihre Zukunftsentwickelung auf den Höhen ihre Bebauungspläne noch einer Revision unterziehen müssen, unter Berücksichtigung neuer Verkehrsbeziehungen, wobei Bergbahnen, Fahrstühle und Tunnelanlagen nicht gescheut werden dürfen.

Als Durchgangsverkehrslinien zwischen den Gemeinden haben bisher fast ausschließlich die Provinzialstraßen gedient. Diese genügen bei der weiteren Entwickelung des Bezirkes nicht mehr dem Verkehr, zumal sie fast überall bei unzureichender Breite mit Straßenbahnen belegt sind, weil diese der natür-

Provinzialstraßen.

lichen Entwickelung entsprechend die neuen Straßenbauten scheuten. Das Netz der Provinzialstraßen ist auf Blatt 16 dargestellt.

Essen Stadt und Land zeigen klar ausgeprägt die Nord-Süd-Linie von Horst über Essen nach Werden—Kettwig und mit einer Verspringung westlich von Schloß Landsberg nach Südwesten verlaufend bis Düsseldorf. Die Ostlinie Steele—Essen über Fliegenbusch nach Westen verläßt plötzlich bei Höhe 96,4 des Meßtischblattes diese Richtung und gabelt sich unmittelbar vor Dümpten. Die eine Gabelung zieht sich nordwestlich mitten durch Frintrop in den nördlichen Teil von Oberhausen, um dann in einem großen nach Süden geöffneten Bogen durch den nordwestlichen Teil von Oberhausen, an der Nordwest-Ecke von Alstaden vorbei bis „Klennenhof" zu laufen, genau in Verlängerung derselben Linie, in welcher sie durch Essen bis Höhe 96,4 verläuft. Bei Klennenhof tritt dann die neue Gabelung ein in einem Nordzweig nach Hamborn und einem Südwestzweig über die Ackerfähre nach Duisburg.

Der andere Zweig der Gabelung der Linie Steele—Essen bei Höhe 96,4 läuft scharf nach Südwesten durch Mülheim-Mellinghofen und endigt vor der Friedrich-Wilhelmshütte in der Ruhrtalstraße, welche von Menden durch Styrum nach Oberhausen und Sterkrade verläuft. Diese beiden Provinzialstraßenzüge gehen mitten durch das verkalkte Straßengebilde der Altstadt Essen und ihre Verbindungsglieder schrumpfen hier in der Ostwestrichtung als Chaussee- und Limbecker Strasse zu 7 m und 7,40 m Breite, in der Nordsüdrichtung als Viehofer Straße zu 8,20 und Kettwiger Straße zu 10 m Breite zusammen mit besonderer Enge an der Marktkirche von 7,50 m Durchgang. An diesen Stellen setzen die Durchbruchprojekte Essens an. Sie sind mit Rücksicht auf die hohen Grundstückspreise, welche bis 2000 Mark den Quadratmeter betragen, sehr kostspielig und nur unter geschickter Zuhilfenahme aller Reserven, welche das Fluchtliniengesetz, die baupolizeilichen Bestimmungen, die Mittel der Zusammenlegung und des Ankaufens einzelner Teile bieten, möglich, ohne daß sie die Gemeinde unzulässig belasten.

Der von Höhe 96,4 nach Mülheim verlaufende Provinzialstraßenzug hat in Mülheim selbst keine ausbildungsfähige Fortsetzung. Eine neue Gabelung beginnt erst südlich der Ruhr in Broich, einmal mit dem Westzweig durch Speldorf, Duisburg nach Ruhrort, dann mit dem Südzweig über Saarn, Krummenweg, dem Treffpunkt mit der Straße Essen-Düsseldorf, über Ratingen nach Düsseldorf.

Ein weiterer charakteristischer Provinzialstraßenzug umgeht die Stadt Essen im Südosten und verläuft von Rotthausen über Kray Nord und Kray Süd, Steele, Rellinghausen, Bredeney über die Meisenburg nach Kettwig vor der Brücke in den bereits geschilderten Zug Essen-Krummenweg.

Das nordwestliche Provinzialstraßennetz wird durch ein kräftiges Kreuz auf Hamborner Gebiet charakterisiert. In Nieder-Marxloh trifft der Zug Sterkrade—Marxloh—Bruckhausen—Beek—Stockum—Laar—Ruhrort, um hier zunächst im Ruhrorter Straßennetz seine Fortsetzung in der bereits angeführten Provinzialstraße Duisburg-Mülheim südlich der Ruhr zu finden mit der zweiten Kreuzlinie, dem Provinzialstraßenzug Dinslaken—Aldenrade—Marxloh—Neumühl bis zu dem erwähnten Gabelpunkte Klennenhof zusammen.

Zwischen Duisburg und Düsseldorf verläuft dann genau von Norden nach Süden der Straßenzug Duisburg—Neuenhof—Buchholz—Huckingen—Kaiserswerth—Düsseldorf.

Endlich besitzt die Gruppe der Wupperstädte Provinzialstraßenverbindungen mit Düsseldorf und mit Essen. Drei Verbindungen von den Wupperstädten führen nach Westen. Die nördliche und mittlere beginnen in Dornap. Die nördliche verläuft über Wülfrath, Ratingen Ost und West, Calcum rechtwinklig bei Kaiserswerth zum Straßenzug des vorigen Absatzes. Die mittlere von Dornap über Mettmann, Grafenberg in das Herz von Düsseldorf. Die südliche in einem großen nach Norden geöffneten Bogen von Vohwinkel über Haan, Hilden, Benrath durch Düsseldorf hindurch nach Kaiserswerth-Duisburg.

Die beiden Verbindungen der Wupperstädte mit Essen sind eine westliche von Vohwinkel über Tönisheide, Velbert, Werden, eine östliche von Elberfeld über Neviges in einem großen nach Westen geöffneten Bogen über Langenberg, Nierenhof, Kupferdreh, Heisingen, Rellinghausen nach Essen.

Außer den erwähnten Straßenzügen ist endlich noch eine Ostwestverbindung Krummenweg—Hösel—Velbert—Kupferdreh vorhanden. Das erwähnte gute Provinzialstraßennetz hat eine Länge von ungefähr 412 km und ist eine für das Land segensreiche Wegenetzanlage. Nur schade, daß Provinz und Staat die vornehme Aufgabe:

„Gute Schulen an guten Wegen
Bringen dem Lande Gottes Segen"

nicht ausführt, trotz der kaum zu tragenden Schullasten der Gemeinden und trotz des erwähnten guten Ansatzes in diesem Wegenetz. Sie bauen aus den Zuschüssen der Gemeinden des engeren Bezirks, die von Reformationsaufgaben überhetzt werden, Wege in der Eifel aus.

Feststehend ist, daß das bestehende Provinzialstraßennetz das jetzige Verkehrsbedürfnis zwischen den Städten nicht mehr befriedigen kann. Die Straßenbreite ist meist zu gering, die Linienführung nicht der jetzigen Bevölkerungsverteilung entsprechend angenommen.

Dieses Provinzialstraßennetz enthält wesentliche Radialverbindungen, die häufig nicht entbehrliche Glieder der Straßenzüge bilden. Diese sind zu verbreitern unter möglichster Schonung des häufig wunderschönen alten Baumbestandes. Wo die notwendige Verbreiterung nicht durchführbar ist, sind ergänzende Straßenzüge dem Netze einzufügen. Diese Straßenzüge mit Durchgangscharakter dienen dem Verkehr von Ortslage zu Ortslage. Sie würden daher wie in früherer Zeit am zweckmäßigsten von dem größeren Verbande der Provinz, falls möglich unter Beihilfe der Automobilklubs, gebaut. Da der Provinzverwaltung wenig Liebe hierzu entströmt, müßte erst der Mittelweg gefunden werden, daß die Städte in ihrem Gebiete den Bau dieser Straßen durchführen, daß sie aber im Gebiet der Landkreise und, soweit es sich überhaupt um Kunstbauten handelt, als provinzielle Unternehmungen behandelt werden.

Hauptverkehrswege zwischen den Städten.

Die Frage des Generalbebauungsplanes löst sich nach den bisherigen Ausführungen, soweit die Hauptverkehrswege in Frage kommen, in Sonderfragen auf, gegeben durch die drei Siedelungsgruppen:

I. Düsseldorf. Es sucht für sich die Grundlagen für eine zweckmäßige Lösung in seinem Preisausschreiben zur Erlangung eines generellen Bebauungsplanes zu bekommen. Das Ergebnis bleibt abzuwarten.

II. Die südöstliche Siedelungsgruppe der Wupperstädte. Sie hat, scharf gedrängt an die Provinzialgrenze, in sich eigene Beziehungen und Bedürfnisse, die in dem generellen Bebauungsplan dieses Bezirkes zum Ausdruck kommen müssen.

III. Das gleiche gilt für die wesentlich größere nördliche Siedelungsgruppe in dem Ruhr-Emscher- und Lippegebiet mit dem Unterschiede, daß hier schärfere Untergruppen auftreten, die in sich wieder innigeren Kontakt haben.

  A. **Duisburg** in der Flußniederung bereits mit Beziehungen zum linken Rheinufer mit etwa 250 000 Menschen.

  B. **Essen Stadt und Land**, ein eng zusammenhängender Organismus von etwa 600 000 Menschen mit starken Verkehrsbeziehungen über die Provinzialgrenze hinaus, östlich nach Gelsenkirchen und Bochum, nördlich nach Gladbeck, Buer und Recklinghausen. Es beginnt jetzt, durch größere Kunstbauten die umgebenden Täler zu überbrücken.

  C. Dazwischen **Mülheim** und **Oberhausen**, fast zusammengewachsen, mit zurzeit etwa 220 000 Einwohnern und langsamerer Entwickelung als die beiden übrigen.

Blatt 17 bringt rein schematisch diese drei Hauptgruppen und ihre Verkehrsbeziehungen zur Darstellung, so wie sie rein ideell anzustreben wären.

In die Örtlichkeit übersetzt, ergibt sich an Hand von Blatt 18 folgendes:

Düsseldorf— Duisburg

Die jetzige Verbindung zwischen Düsseldorf und Duisburg vermittelt die Kaiserswerther Straße, welche über Kaiserswerth, Wittlaer, Huckingen, Buchholz, Neuenhof nach Duisburg führt und dort als Düsseldorfer Straße einmündet. Dieser Straßenzug ist in den Ortslagen so eng zugebaut, daß die erforderliche Verbreiterung zu teuer würde. Daher müssen die Ortslagen durch Umgehungsstraßen vermieden werden. Da diese Durchgangsstraße aber auch zu nahe an dem Rhein liegt und von hier aus die Verbindungen nach Essen und Mülheim von den Luftlinien nach Düsseldorf zu sehr abweichen, so muß eine neue Hauptverbindungsstraße gesucht werden, die ebenso den allgemeinen Verkehrsanforderungen dient. Diese Straße wird zweckmäßig weiter nach Osten gelegt, und zwar östlich der Bahnlinie Düsseldorf-Duisburg, zwischen diese und dem Spee'schen Wald. Düsseldorf plant zu diesem Zwecke eine 35 m breite Ausfallstraße, die in Derendorf von der Münsterstraße abzweigt, den Bahnhof Calcum berührt, von hier bis Angermund unmittelbar neben der Staatsbahn läuft, dann in einem schlanken nach Westen geöffneten Bogen östlich von Rahm und Großenbaum herumgeht, am Stern die Bahnlinie Düsseldorf-Duisburg kreuzt, um bei Neuenhof in die Düsseldorfer Straße von Duisburg einzumünden. Die geplante Führung dieser Straße am Stern müßte übersichtlicher gestaltet werden, als bis jetzt beabsichtigt ist.

Blatt 17

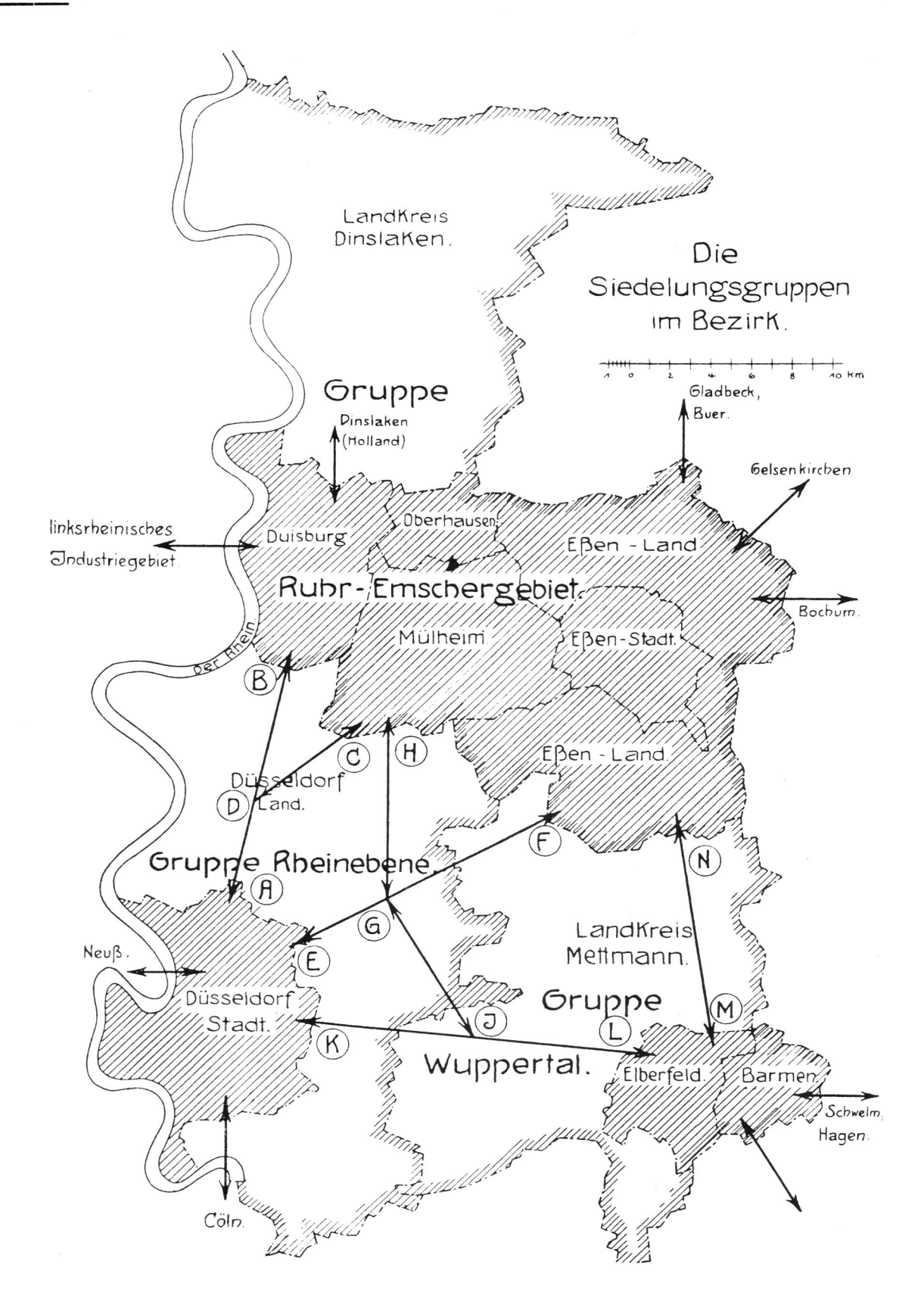

Die Siedelungsgruppen im Bezirk.

Gruppe Dinslaken (Holland)

Landkreis Dinslaken.

linksrheinisches Industriegebiet ← → Duisburg — Oberhausen — Eßen-Land → Gelsenkirchen

Gladbeck, Buer ↑

Ruhr-Emschergebiet

Mülheim — Eßen-Stadt → Bochum.

Ⓑ Ⓒ Ⓗ

Düsseldorf Ⓓ Land. Eßen-Land.

Ⓕ Ⓝ

Gruppe Rheinebene

Ⓐ Ⓖ

Landkreis Mettmann.

Neuß ← → Ⓔ

Düsseldorf Stadt. Ⓚ Ⓙ Ⓛ Ⓜ

Gruppe Wuppertal.

Elberfeld — Barmen → Schwelm, Hagen.

Cöln ↓

Der Rhein

Da beide Städte ihre Ausfallstraßen in diesem Zuge mit 35 m Breite planen und bereits förmlich festgesetzt haben, ist es erwünscht, auch die Zwischenstrecke in diese Mindestbreite von der Bebauung frei zu halten. Von dieser Durchgangsstraße werden zweckmäßig zwei Verbindungen nach Osten hin abgezweigt, die eine zur Herstellung der Verbindung zwischen Essen, Kaiserswerth und Düsseldorf. Sie wird den Punkt am Krummen Weg suchen müssen, von wo bereits gut ausgebaute Straßen die Verbindung über Kettwig vor der Brücke und Kettwig nach Essen und weiter herstellen. Diese Verbindung könnte ausgehen vom Bahnhof Calcum durch die Überangermark unter Benutzung einer vorhandenen Chaussee durch den Hinkesforst südlich von Lintorf hindurch in die vorhandene Straße zwischen Lintorf und am Krummen Weg einmündend. Die zweite Verbindung nach Mülheim hätte ungefähr bei Großenbaum oder, falls es sich ermöglichen ließe, bei Rahm abzuzweigen, um, die Broich-Speldorfer Gartenstadt tangierend, die unmittelbare Verbindung mit Mülheim und weiterhin herzustellen.

Von Düsseldorf kommen weiter nach Norden hin noch zwei Ausfallstraßen in Frage. Eine westlich gelegene bereits erwähnte nach Kaiserswerth und eine nach Zeppenheim—Calcum; letztere muß in der Vorortslage von Düsseldorf eine Verbindung nach dem Stadtinnern suchen. Die Straße nach Kaiserswerth kann ohne Schwierigkeit fluchtlinienmäßig verbreitert werden, da in Lohhausen nur ganz niedrige Häuser an die Straße herantreten. Kaiserswerth selbst hat seine Straßen zu stark und eng bebaut, deshalb ist eine Umgehungsstraße erforderlich, mit Rücksicht auf die allzu hohen Erbreiterungskosten. Erwünscht wäre noch die Schaffung einer Hochuferstraße am Rhein, möglichst in Fortsetzung der Cäcilienstraße.

Die förmliche Festsetzung der erwähnten Straßenzüge durch den Landkreis Düsseldorf hindurch ist dringend erwünscht, weil eine starke Bebauung dort bereits Platz greift.

Hiermit sind die auf dem generellen Plane als notwendig bezeichneten Verbindungen A B nach Duisburg mit Abzweig D C nach Mülheim, sowie die Verbindungen E G F zwischen Düsseldorf und Essen erledigt. Die Verbindung H G ist als Straße von Saarn nach dem Krummen Weg vorhanden. Da diese Straße bereits sehr stark bebaut ist, müßte versucht werden, eine geeignete Parallelstraßenführung für die Zukunft zu finden.

Düsseldorf—Elberfeld

Zwischen Düsseldorf und dem Wuppertal ist eine neue Straße durch Flingern, Torfbruch nach Gerresheim, weiter nach Erkrath—Milrath zu suchen, ebenso eine zweite über Mettmann, welche den Ort Mettmann umgehen müßte, weil dieser Ort zu enge Straßen aufweist und auch die Hauptstraße kurz vor dem Ausgange aus Mettmann nach Westen zu stark ansteigt, so daß hier die Erzielung einer anderen Trace dringend erwünscht ist. Ob eine Umgehungslinie im Süden oder Norden von Mettmann leichter, ob sie überhaupt zu erreichen sein wird, muß besonderer Projektierung vorbehalten bleiben.

Von Düsseldorf nach Süden hin reicht die vorhandene Kölner Straße allein nicht aus, dauernd den Verkehr aufzunehmen. Die Festsetzung einer Entlastungsstraße am Gute Heidchen vorbei, parallel zur Kölner Straße und einmündend in die Werstener oder Himmelgeiststraße mit 30 bis 45 m Breite ist dringend erforderlich. Die Straßendurchführung wird dadurch erleichtert, daß die Stadtgemeinde durch Eingemeindungsvertrag ihre finanzielle Beteiligung an diesem Straßenzuge zugesagt hat.

Die Bahnlinie Düsseldorf-Duisburg hat zur Zeit eine für die Durchführung der Verkehrslinie nicht zweckmäßige Lage. Sie liegt bei zweifellos hohem Grundwasserstande im Niveau des umliegenden Geländes. Alle Straßen müssen in übersichtlicher Weise überführt werden, wenn die Gefahrpunkte beseitigt werden sollen. Wünschenswert wäre die Hebung der Strecke in ganzer Länge um etwa 6 m. Die spezielle Prüfung dieser Frage, namentlich mit Rücksicht auf Privatbahnanschlüsse, muß vorbehalten bleiben. Die zur Hebung der Bahnstrecke erforderlichen Massen dürften wohl in der Umgegend aus Schlackenhalden usw. unschwer zu beschaffen sein.

Essen-Wuppertal.

Zwischen Essen Stadt und Land und den Wupperstädten finden sich die in dem Abschnitt Provinzialstraßen beschriebenen Wegeverbindungen, die eine von Elberfeld über Neviges, Langenberg, Nierenhof, Kupferdreh, dort über die Ruhr gehend und längs der Ruhr nach Rellinghausen, die andere von Vohwinkel über Aprath, Tönisheide, Velbert, Werden nach Essen Stadt führende. Beide Linien besitzen unmittelbar Zwischen-Verbindungen nördlich und südlich bei Neviges und Tönisheide.

Diese Strecken sind an und für sich für den Durchgangsverkehr noch zu schmal. Außerdem bildet das Ruhrtal eine scharfe Trennung. Es muß daher zur Verbesserung der Verbindungen zwischen beiden Siedelungsgruppen die Überbrückung der Ruhr in Aussicht genommen werden. Erwünscht wäre die Loslösung der Straßenbahnen von dem Straßenkörper, um beide Verkehrswege leistungsfähiger zu gestalten.

An zwei Stellen sind bereits Brücken vorhanden, diejenige bei Kettwig, welche schon bei der Verbindung über den Krummen Weg von Düsseldorf nach Essen erwähnt ist, dann die Brücke bei Werden. Diese Brücke bei Werden liegt im Zuge der einen genannten Verbindung vom Wuppertal über Tönisheide, Velbert nach Essen. Sie bildet einen wichtigen Knotenpunkt, ist aber zu schmal, um dauernd den Verkehr aufnehmen zu können. Die Gemeinde Werden plant einen Neubau dieser Brücke an gleicher Stelle und in ungefähr gleicher Höhenlage. Dieses Projekt muß als verfehlt bezeichnet werden, solange es nicht gelingt, die beiden Niveau-Übergänge über die Bahnlinie von Kettwig nach Essen bezw. nach Kupferdreh unmittelbar neben dem Bahnhofe Werden zu beseitigen. Die Stadtverwaltung Essen hat einen Entwurf aufgestellt, der dieser grundlegenden Forderung Rechnung trägt. Hierbei ist die Brücke um 90 m nach Westen verschoben in dem Zuge der jetzigen Ritterstraße von Werden und der Bahnhofstraße von Unterbredeney. Nach diesem Entwurf lassen sich nach allen Richtungen hin für den Verkehr günstige Rampenführungen finden unter Beseitigung aller Niveau-Übergänge.

Die zum Teil sehr abfallenden Abhänge der Ruhr verlangen die Bestimmung der neuen Überbrückungsstellen zunächst unter Berücksichtigung der möglichen Zugangsstraßen. Neue Brücken können geschaffen werden bei Haus Baldeney, und zwar westlich hiervon, etwa im Zuge der jetzigen Fähre. Die Brücke hätte gleichzeitig über das Vorland, die Staatsbahn und die Ruhrtalstraße hinwegzugehen. Die nördlich anschließende Straße könnte mit einer Serpentine die Höhe gewinnen, um dann parallel der Staatsbahnlinie Essen Hauptbahnhof-Werden zu laufen bis zu dem an diese Bahnstrecke vorhandenen Tunnel, um dort Anschluß zu finden an die Essener Wittekindstraße, welche gleichzeitig die direkte Radialverbindung zwischen Essen durch Heisingen, am Isenberg vorbei, zu der bei Kupferdreh geplanten Brücke darstellt.

Der südliche Anschluß an die westlich bei Baldeney mögliche Brücke hätte durch ein Tal nach Fischlaken hinauf und auf der Straße Fischlaken-Heidhausen weiter zu führen, um „Am Schwarzen" die Straße Werden-Velbert zu treffen. Diese Straße gewinnt dann eine bereits geschilderte unmittelbare Verbindung nach Elberfeld, worin noch Verbesserungen vorzunehmen sind zur Umgehung von Velbert und des Tales bei Neviges, die rein generell auf dem Übersichtsplan eingetragen sind. Spezielle Entwürfe müssen die Möglichkeit dieser Umgehungsstraßen nachweisen.

Eine weitere Stelle für eine Ruhrbrücke befindet sich bei Kupferdreh unmittelbar in der Gegend des Bahnhofes. Hier ist der Anschluß nach Essen in zwei Richtungen gegeben, einmal mitten durch den Ort Heisingen, von da aus nach Westen schwenkend nördlich von der Schönen Aussicht und dem Isenberg über den bereits erwähnten Staatsbahntunnel bei Bahnhof Essen-Stadtwald zur Wittekindstraße. Dieser Straßenzug kann unmittelbar vor dem Schellenberger Wald noch Verbesserungen erfahren. Seine Durchführung in der Ortslage Heisingen selbst ist im Einverständnis mit der Stadtverwaltung Essen von der Spezialkommission zur Durchführung gebracht worden.

Der zweite an die gedachte Brücke bei Kupferdreh anknüpfende Verbindungsweg mit Essen ist die vorhandene Ruhrtalstraße, die an der St.-Anna-Fähre vorbeigeht, um in der Gegend von Möllenbeckshof in eine der Hauptausfallstraßen Essens, die Ruhrallee, einzumünden. Bei Möllenbeckshof, dort, wo die Essener Ruhrallee die Ruhr trifft, findet sich dann die letzte uns interessierende Brückenbaustelle, welche die Verbindung von Essen nach Überruhr herstellt, mit einer nördlichen Verbindungsrampe nach Bahnhof Überruhr und einer südlichen nach der vorhandenen Straße Hinsel-Kupferdreh, welche an dem linken Ruhrufer parallel zur Ruhr verläuft und unmittelbar nach Kupferdreh führt, zum südlichen Brückenkopf der vorhin besprochenen geplanten Brücke bei Kupferdreh. Von hier aus kann dann eine Verbindung durch das vorhandene Tal nach Velbert gefunden werden, die im Übersichtsplan eingetragen ist.

Hiermit sind die Wegeverbindungen zwischen den drei Siedelungsgruppen erledigt, und es kann zu den Hauptverbindungswegen innerhalb der nördlichen Siedelungsgruppe im Ruhr-Emscher-Gebiet übergegangen werden.

Der nördliche Bezirk mit Duisburg. Die Stadt Duisburg plant eine Anzahl Ausfallstraßen gleichzeitig mit einem Durchbruch in der Altstadt. Der Altstadtdurchbruch bezweckt die klar ausgeprägte Verbindung Mülheim-Duisburg im Zuge der Mülheimer und Königstraße zu dem Schwanentor in der Richtung der Ruhrorter Straße, welche über die Ruhrorter Hafenanlage zur Straßenbrücke Ruhrort-Homberg führt. Dieser Straßenzug ist innerhalb des Altstadtbezirkes von Ruhrort, also von der Stelle aus, wo er den alten Hafen trifft, verbesserungsbedürftig. Hier empfiehlt es sich, zwei übersichtliche Verbindungen zwischen der neuen Hafenüberbrückung und der Rheinbrücke sowohl, wie von der neuen Hafenüberbrückung zur Kaiserstraße am Bahnhofe nach Beek vorzusehen. Westlich der Kaiserstraße wird eine Entlastungsstraße nach Norden empfohlen.

Die Industrie auf der linken Rheinseite nimmt einen immer größeren Aufschwung. Es erscheint daher dringend erforderlich, die beiden jetzt vorhandenen Verbindungen über den Rhein im Zuge der Werthauser und später der Essenberger Fähre zu verbessern, wie es seinerzeit durch den Ersatz der Roßkathschen Fähre durch die Straßenbrücke Ruhrort-Homberg geschah, welche 1911 von 1 907 749 und 1910 von 1 886 894 Personen benutzt wurde. Daß der Fährverkehr ein sehr starker ist, zeigt die Frequenz der Werthauser Fähre, die 1910 von 305 988 und 1911 von 329 741 Personen benutzt wurde. Es liegt also sehr im Interesse Duisburgs in der Bemessung der Straßenzüge des Bebauungsplanes die Zuführung zu späteren Rheinüberbrückungen im Auge zu behalten.

In dem Stadtteile zwischen Hauptbahnhof und Mülheimer Straße besteht zurzeit noch ein schematischer Bebauungsplan, welcher der örtlichen Lage in der Nähe des Waldes durchaus nicht entspricht. Eine Verbesserung ist hier dringend notwendig. Insbesondere könnte außer der Koloniestraße, für welche eine Unterführung unter dem Bahnkörper zur Verbindung mit dem westlich gelegenen Stadtteil anzustreben ist, noch eine tunlichst als Schmuckstraße auszubildende Verbindungsstraße zum Walde geführt werden. Im Anschluß an eine Vorbesprechung ist die Stadt Duisburg bereits an ein derartiges Projekt herangetreten.

Im weiteren interessieren zunächst die Hauptverbindungswege zwischen den drei engeren Siedelungsgruppen Duisburg, Oberhausen und Mülheim, sowie Essen. Die vorhandenen Verbindungen sind bereits bei dem Provinzialstraßennetz erwähnt. Dieses Provinzialstraßennetz sucht einmal die eng bebauten Teile von Mülheim, dann diejenigen von Oberhausen. Im Interesse eines besseren Ost-West-Verkehrs zwischen Duisburg und Essen erscheint es notwendig, eine neue Hauptwegeverbindung zwischen Mülheim und Oberhausen durch das Gebiet von Dümpten, Styrum und Alstaden hindurchzutreiben. Generell gegeben ist der Punkt Hellwegshof, um die Durchgangsstraße von Schloß Borbeck und vom Untertansberg zu dem Zehntweg zu bringen und dieser Verbindung mittels Verbesserung durch eine Umgehungsstraße der Höhenkuppe bei Zeche Sellerbeck günstigeres Gefälle zu geben. Diese Verbindung vermeidet die eng bebauten Teile von Mülheim, wo nur unter Aufwendung größerer Mittel eine Verkehrsverbesserung zu erreichen ist, ohne daß hierdurch die hier vorgeschlagene Verkehrsstraße hiermit ersetzt wäre.

Unmittelbar nach Mülheim hinein führt bereits die mit Straßenbahn versehene Hingberg- und Hohenzollern-Straße am Rathaus Heißen vorbei zur Kruppstraße nach Essen, welche eine schnurgerade Verbindung zwischen Essen H.-B. und Mülheim darstellt. Dieser letzterwähnte Straßenzug findet auf dem linken Ruhrufer seine natürliche Fortsetzung in der Provinzialstraße Mülheim, Broich durch Speldorf an der Monning vorbei zu der Königstraße in Duisburg und dort weiter in der bereits besprochenen Form nach der Homberger Rheinbrücke.

Störend in diesem Straßenzuge ist lediglich das Altstadtstraßengewirre von Mülheim. Hier in Mülheim ist das Verbindungsglied zu suchen, um die bereits klar ausgeprägte Ost-West-Verbindung von Essen H.-B. an dem Bahnhofe Mülheim-Eppinghofen vorbei durch Broich in das Herz von Duisburg und darüber hinaus über Ruhrort, Homberg nach dem linken Rheinufer zu führen. Mülheim wird sich daher im Laufe der Zeit im Anschluß an die Kettenbrückstraße mit einem Durchbruch zur Hingbergstraße befreunden müssen, wodurch gleichzeitig der Verkehr vom linken Ruhrufer zum Bahnhof Eppinghofen übersichtlich und zweckmäßig geleitet werden kann.

Ferner ist in Mülheim die Verbindung zwischen dem Zehntweg und Bahnhof Styrum wesentlich zu verbessern. Das Straßennetz von Mülheim und von Oberhausen wächst in Styrum vollkommen zusammen. Es ist erwünscht, daß die Bebauungspläne beider Städte möglichst dem Verkehrsinteresse entsprechend, besser ineinander übergeleitet werden, als es zur Zeit der Fall ist. Dabei möge für Oberhausen noch folgender Grundsatz zu erwähnen sein:

Wenn auch Oberhausen im Kaisergarten und dem Großen Busch eine ausgedehntere Grünanlage besitzt, die allerdings unter der Industrie sehr zu leiden hat, so ist diese Grünanlage durch Bahnhofsanlagen und industrielle Werke von der eigentlichen Ortslage vollkommen abgeschlossen. Ausgedehntere Grünanlagen können auch in dem Stadtgebiete südlich der großen Bahnhofsanlage und der Gutehoff-

Marginalie: Duisburg—Essen.

nungshütte nicht mehr geschaffen werden. Im Interesse der Oberhauser Bevölkerung erscheint es daher erwünscht, möglichst zweckdienliche Grünverbindungen jeden Charakters bis zur Alleestraße nach dem nächst vorhandenen zur Zeit noch freien und mit Grünanlagen bestandenen Gelände hinzuführen. Am leichtesten möglich und erwünscht ist ein Anschluß Oberhausens nach dem Süden an das linke Ruhrufer mit seinen jetzt noch vorhandenen Naturschönheiten zu finden. Den hierfür maßgebenden Verkehrsknoten gibt die geplante Ruhrbrücke am Rennplatz bei Solbad Raffelberg.

Die Stadtverwaltungen Mülheim und Oberhausen werden gemeinsam einen Entwurf für diesen Straßenzug durchführen müssen.

Zwischen Mülheim und Duisburg-Ruhrort gibt das Ruhrtal noch die Möglichkeit, mit Hilfe geplanter Deichanlagen, die, entsprechend verbreitert, Alleen und Straßenbahnen aufnehmen können, sehr leistungsfähige Verbindungen in Form von Schmuck- und Verkehrsstraßen zu schaffen, die sich an bestehende Straßenzüge leicht anschließen lassen. Ehe an die industrielle Ausnutzung des Ruhrtales herangegangen wird, empfiehlt es sich, diesem Gesichtspunkte Rechnung zu tragen.

Oberhausen. Die Verbindungen zwischen Duisburg, Oberhausen und dem Norden gehen über Marxloh und Sterkrade. Wo es noch möglich ist, müssen diese Straßen fluchtlinienmäßig ihrer zukünftigen Bedeutung angemessen, verbreitert werden. Die Ausfallstraße Oberhausen-Marxloh-Dinslaken hat bis kurz vor Dinslaken eine angemessene Breite, kann auch noch fast überall erbreitert oder durch Umgehungsstraßen ersetzt werden. Die Ortslage Dinslaken selbst ist durch eine westliche Umgehungsstraße, beginnend bei Höhenzahl 30,1 des Meßtischblattes, zur Düsseldorf-Emmericher Provinzialstraße, nordwestlich von Dinslaken, zu umgehen.

Essen. Die Stadt Essen besitzt bereits einen vollkommen durchgearbeiteten generellen Bebauungsplan, in welchem die Hauptverkehrsstraßenzüge nach allen Richtungen hin vorgesehen sind. Diese Verkehrsstraßenzüge sind teilweise bereits durchgeführt, teils liegen Verträge vor oder schweben Verhandlungen mit anderen Behörden, um ihren Durchgang an gegebenen Stellen des Geländes zu sichern.

Die Stadt Essen liegt im wesentlichen auf einem Hochplateau, welches größtenteils von Süden nach Norden zur Emscher hin abfällt und nur zum kleineren Teile auf einer Abdachung zur Ruhr hin liegt. Das Stadtgebiet, soweit es die Stadtteile von Altessen, Frohnhausen, Altendorf, Holsterhausen, Rüttenscheid, Huttrop angeht, also im Westen, Süden und Osten, wird von scharf eingeschnittenen Tälern umgeben, die eine Durchführung von Verkehrsstraßen in zweckmäßiger Weise nur ermöglichen lassen, wenn diese Täler überbrückt werden. Die wichtigsten Überbrückungen sind die bereits ausgeführten im Zuge der Kruppstraße, zwecks Schaffung einer guten Verbindung mit Heißen und Mülheim, dann im Zuge der Holsterhauser Straße zum Stadtteil Margaretenhöhe, die ebenfalls bereits seit Jahresfrist ausgeführt ist. Eine weitere Verkehrslinie über das Tal hinweg nach Haarzopf, im Zuge der Mülheimer Straße, zwischen diesen beiden erwähnten Brücken ist durch Vereinbarung mit der Staatsbahn bereits gesichert.

Eine dritte sehr wichtige Verbindung ist diejenige im Zuge der Gerlingstraße, welche über zwei sich bereits überkreuzende Bahnlinien hinweg geführt werden soll. Auch hierüber schweben bereits endgültige Verhandlungen. Weitere Brückenbauten werden erforderlich werden, um den Gebietsteil Rellinghausen, und ferner an geeigneter Stelle eine über die Bahnlinie Heißen-Rellinghausen führende Brücke, um das hervorragend schöne Wohngelände südlich dieser Bahnlinie besser an die Stadt anzuschließen.

Die übrigen Verbindungen nach Norden können ohne derartige Brückenanlagen ausgeführt werden, weil dort keine scharf eingeschnittenen Täler mehr vorhanden sind.

Als Verbindungen nach Westen kommt einmal die Altendorfer Straße in Frage, welche über Fliegenbusch führt. Der Übergang dieser Straße über das Staatsbahnniveau wird zurzeit beseitigt und hiermit eine gute Verbindung nach Borbeck und Oberhausen geschaffen. Die Gabelung der dorthin bestehenden Verbindungswege befindet sich bei Höhenpunkt 96,4, wie bereits erwähnt. Hier hätte einmal die ebenfalls bereits erwähnte Ost-West-Verbindung durch Dümpten, Styrum, sodann eine neue Verbindung nach Oberhausen hin einzusetzen, die den südlichen Teil von Oberhausen besser mit Essen verbindet. Diese Verbindung könnte in dem vorhandenen Tale zwischen Frintrop und Dümpten leicht gefunden werden.

Einen zweiten Straßenzug von Essen nach Westen bildet die Frohnhauser Straße. Dieser Straßenzug war früher die eigentliche Verbindung nach Schönebeck, Heißen und Mülheim, ist aber nach Anlage der Mülheimer Straße, welche vom alten Rathause in Frohnhausen unmittelbar zur Kruppstraße durchschneidet, ganz außerordentlich entlastet worden. Mit der weiteren Besiedelung von Schönebeck und Winkhausen wird sie jedoch wieder Bedeutung erlangen und muß entsprechend ausgebaut werden, namentlich unter Beseitigung der ganz schmalen Bahnunterführungen in ihrem Zuge. Auf Essener Gebiet hat sie eine Breite von 20 m erhalten.

Die Verbindungen nach dem Südgelände Haarzopf und Bredeney hin sind im wesentlichen bereits besprochen. Auch über dieses Stadtgebiet ist ein genereller, detailliert ausgearbeiteter Bebauungsplan bereits vorhanden. Die Haupt-Nord-Süd-Verbindung ist die weiter nach Osten liegende alte Provinzialstraße Horst-Essen-Werden. Sie findet innerhalb des Stadtgebietes eine Parallelentlastungsstraße in der Alfredstraße, welche nach Möglichkeit verbreitert wird. Die Fortführung dieses letztgenannten Straßenzuges durch Bredeney in größerer Breite war schon seit Jahren sehr erwünscht. Die Gemeinde Bredeney hatte in ihrem generellen Bebauungsplan diese Verbreiterung nicht vorgesehen. Der hiergegen erhobene Einspruch der Stadt Essen wurde von dem Kreisausschuß und Bezirksausschuß seinerzeit als unbegründet zurückgewiesen. Nachdem die Stadt Essen die Grundstücke im Zuge dieser Straße gekauft hat, und eine Personaländerung in der Verwaltung der Gemeinde Bredeney eingetreten war, ist es gelungen, die Fortsetzung der Alfredstraße in zweckmäßiger Linienführung zu sichern. Sie führt hiernach bis unmittelbar nördlich des Kreuzungspunktes der beiden Durchgangsstraßen Rellinghausen-Kettwig, welche die Verbindung von Steele nach Düsseldorf herstellt, und der bereits erwähnten Nord-Süd-Verbindung Essen-Werden. Dort ermöglicht eine geplante Platzanlage, die augenblicklich im Einvernehmen mit der Stadt Essen im Festsetzungsverfahren begriffen ist, die unübersichtliche Kreuzung der genannten Straßen zu verbessern und gleichzeitig eine Verbindung durch das Wolfsbachtal im Zuge der Alfredstraße, die einen Wanderweg darstellt, zum Ruhrtale hinunter und nach Werden zu finden.

An die Hauptausfallstraße nach Süden, die Rüttenscheider Straße, schließt die bereits erwähnte Wittekindstraße am Bahnhofe Rüttenscheid an, welche durch den Stadtwald nach Heisingen und weiter nach Kupferdreh die Verbindung herstellen soll. Sie ist zurzeit bis zum Bahnhofe Rellinghausen im Ausbau begriffen.

Von den weiteren Ausfallstraßen nach Südosten wird die Rellinghauser Straße durch eine Überkreuzung des scharf eingeschnittenen Tales in der Nähe der Ortslage Rellinghausen im Laufe der Zeit eine Verbesserung erfahren müssen. Die Ruhrallee ist ebenfalls zum Teil ausgebaut, mit Straßenbahn auf eigenem Bahnkörper. Ihre Bedeutung ist bereits eingehend erörtert.

Die Verbindung mit Steele wird durch die jetzige Steeler Straße gebildet, welche durch geeignete Anschlüsse mit den übrigen Stadtteilen, da, wo sie nicht mehr verbreitert werden kann, entlastet wird.

Die Verlegung der Schulz-Knaudtschen Fabrik aus Essen ermöglicht es, unmittelbar vom Hauptbahnhofe aus einen Straßenzug nördlich und parallel zur bergisch-märkischen Bahnlinie in genügender Breite anzulegen. Dieser Straßenzug soll durch Frillendorf und Kray nach Wattenscheid seine Fortsetzung finden. Diese Fortsetzung ist im Einvernehmen mit der Stadtverwaltung Essen zum Teil bereits vorgenommen, zum Teil durch Verträge mit Grundstückseigentümern gesichert.

Die Führung dieser Straße über das Schulz-Knaudtsche Gelände hinweg zum Hauptbahnhofsvorplatz gibt das Schlußglied des Durchgangs-Straßenzuges, der linksrheinisch auf Homberger Gebiet beginnt, durch Duisburg nach Mülheim unter Benutzung des geplanten Durchbruches in Mülheim, weiter zur Kruppstraße unmittelbar nach Essen H.-B. und von hier aus über Frillendorf, Kray, Leithe, Wattenscheid nach Westfalen hineinführt.

Die wichtigste bereits erwähnte Verbindungsstraße zwischen Essen und Gelsenkirchen ist im Zuge der Gerlingstraße geplant. Sie geht unter Überbrückung der beiden sich bereits überkreuzenden Bahnlinien südlich vom Salkenberg vorbei, bleibt ständig auf der Höhe und stellt ungefähr in der Luftlinie eine Verbindung zwischen der Altstadt Essen und dem Herzen von Gelsenkirchen her. Die Durchführung dieses Straßenzuges durch die Gemeinde Rotthausen ist durch Vereinbarung zwischen den in Frage kommenden Gemeindeverwaltungen bereits gesichert.

Dieser Straßenzug kann mit Hilfe eines diagonal verlaufenden Straßenzuges um die Altstadt herum und auch in die Altstadt selbst unmittelbar hineingeführt werden, um mittels eines Durchbruches den Hauptbahnhof Essen zu erreichen. Die entsprechenden Verbindungen sind bereits geplant.

Die Verbindung Essen — Stoppenberg — Caternberg und weiter nach Gelsenkirchen ist zurzeit durch die durchaus unzweckmäßige in außerordentlich vielen Windungen geführte unübersichtliche Provinzialstraße gegeben. Dieser eng bebaute Straßenzug muß wesentlich verbessert werden durch Umgehungsstraßen. Die Verbesserungen sind einmal im Gebiete der jetzigen Stadt Essen geplant, indem eine Umgehungsstraße durch die Freisteinstraße festgelegt ist. Weiter sollen der Bahnübergang am Bahnhofe Stoppenberg beseitigt und im Anschluß an diesen Bahnübergang bessere Verbindungen nach Norden und Osten angelegt werden. Verhandlungen hierüber an Hand genau durchgearbeiteter Pläne schweben bereits zwischen den Gemeinden. Es ist dringend erwünscht, daß die Verbindungen, die innerhalb des Gemeinderates auf Opposition einer Interessentengruppe stoßen, zur Durchführung kommen, weil sonst eine durchgreifende Verbindung des Straßenzuges dauernd ausgeschlossen ist.

Verbindungen nach Norden sind geplant einmal im Zuge der Schlenhofstraße, die bereits im Innern des bebauten Stadtgebietes auf 20 m verbreitert wird, sodann im Zuge der Segerothstraße durch Bochold hindurch an dem Hafengelände vorbei nach Gladbeck.

Hiermit sind sämtliche Radialverbindungen der Stadt Essen nach allen Richtungen, soweit es erforderlich erscheint und sie zunächst zur Durchführung kommen können, erwähnt, indem noch darauf hingewiesen wird, daß die Straßen von Essen nach Nordwesten durch Borbeck hindurch zwischen der Stadt Essen und der Gemeinde Borbeck in geeigneter Linienführung vereinbart und zum Teil förmlich festgesetzt sind.

Die Verkehrsverbindungen von Essen nach Westfalen hinüber sind gestreift. Auf sie soll am Schlusse dieser Bearbeitung noch näher eingegangen werden, um darauf hinzuweisen, daß die gleiche Arbeit, welche im Regierungsbezirk Düsseldorf geleistet wird, auch in der Provinz Westfalen aufzunehmen wäre.

Zu den Radialstraßen Essens sind noch eine Reihe verbindender Straßenzüge in dem Stadtplane vorhanden, die für diese Hauptaufgabe weniger Interesse haben. Dasselbe gilt für die anderen Städte; z. B. hat Mülheim in dem Broich-Speldorfer Wald- und Gartenstadtgelände den Uhlenhorstweg angelegt. Er verläuft bei vorzüglichem Längennivellement von Osten nach Westen und kann als ein zweckmäßiges Bindeglied für eine Durchgangsstraße aufgenommen werden zwischen Duisburg über Essen Süd hinweg nach Osten.

Die Wupperstädte. Die Wupperstädte haben in sich als Sondergruppe Verkehrsbeziehungen zu einander und zu den Nachbarstädten. Die sich scharf fixierenden Nachbarstädte Elberfeld und Barmen sind zurzeit nur in der Talsohle in drangvoll fürchterlicher Enge miteinander verbunden. Elberfeld besitzt noch eine zweite Einschnürung. Hier muß im Laufe der Zeit Abhilfe geschaffen werden, um die einzige Tallinie zu entlasten; dabei darf eine Tunnelanlage an geeigneter Stelle nicht gescheut werden.

Die Bebauungspläne beider Städte sind bei den komplizierten Terrainverhältnissen recht kunstvoll aufgestellt. Bei der Betrachtung gewinnt man aber den Eindruck, als würden zuviel Straßen angelegt, vielleicht nur um die ortsstatutarischen Bestimmungen zur Erfüllung zu bringen, was aber wohl trotzdem geschehen kann. Wirtschaftlicheres und Schöneres ließe sich vielleicht erreichen, wenn die angestammte Bauweise mit einzelnen Häusergruppen wieder aufgegriffen würde, die mit außerordentlich reizvollen Bildern heute noch das Auge erfreut.

Es wäre erwünscht, die Bebauungspläne beider Städte daraufhin zu revidieren und in Betracht zu ziehen, ob sich nicht durch Viadukte kleineren und größeren Umfanges städtebaulich Besseres erreichen ließe. Die weiter wachsenden Städte werden auf neue Verkehrsanlagen: Viadukte, Tunnels, Aufzüge für Personen und Fuhrwerke, sowie kurze Bergbahnen nicht verzichten können und müssen jetzt schon hierauf Rücksicht nehmen. Die Nachteile der starken Steigungen der Hauptstraßen, die nach Angabe des Bauamts bis 1 : 9 und 1 : 11 herunter gehen und hierbei schon große Baukosten beanspruchen, können vielleicht hierdurch eliminiert werden.

Die einseitige Bebauung der Hangstraßen, die Gruppenbauten müßten viel mehr zur Durchführung kommen im Anschluß an gegebene Landschaftsbilder und Perspektiven.

Grünflächen sind wohl genügend in der Umgebung der Stadt vorhanden. Es ist aber erwünscht, sie durch Alleestraßen und kleinere Grünzüge in die Stadt hineinzuziehen und die in der Stadt vorhandenen wenigen Grünflächen noch zu erhalten.

Der weitere Anbau Elberfelds müßte freier und vor allem schöner gestaltet werden, denn es sind zurzeit sehr häßliche Gebäudereihen in exponiertester Lage vorhanden. Eine möglichst leistungsfähige Verbindung zum Wiedener Häuschen wäre zu suchen.

Zu erörtern ist noch die Breite der Hauptverkehrsstraßen, und es fragt sich zunächst, welche Minimalbreite ist für sie anzunehmen. Bei dieser Betrachtung ist es üblich, als Element die Fahrbandbreite eines Fuhrwerkes einschließlich Sicherheitsstreifen beiderseits mit 2,50 m anzunehmen und nach der Aneinanderreihung mehrerer Breiten noch nach oben abzurunden, um einen Sicherheitskoeffizienten zu finden für das Zusammentreffen der breitesten Fuhrwerke, insbesondere der neuerdings aufkommenden Autolastenzüge. Für die Fahrdammbreite der Verkehrsstraßen wäre also mindestens 4 mal 2,5 oder 10, besser 11 bis 12 m anzunehmen, da mit beiderseits an Bordsteinen haltenden Fuhrwerken zu rechnen und für den Durchgangsverkehr die Mitte mit zwei sich berührenden Bändern in entgegengesetzter Verkehrsrichtung frei zu halten ist. Bei geteilter Fahrbahn beiderseits eines mittleren Straßenteils, der für Straßenbahn auf eigenem Bahnkörper oder für eine Mittelallee bestimmt ist, kommen somit je 6 m Breite in Frage.

Breite der Hauptverkehrsstraßen

Die Straßenbahn soll bei Durchgangsstraßen aus wirtschaftlichen und aus Verkehrsgründen, wenn irgend möglich, auf eigenem Bahnkörper gelegt werden. Für die Wirtschaftlichkeit spricht der billigere, sowie zweckentsprechendere Bau und die billigere Unterhaltung des Bahnkörpers. Die Verkehrsverbesserung liegt in der Herabminderung der Gefahrpunkte und hiermit Erzielung einer beschleunigteren Fahrt. Die Breite des Bahnkörpers ist bei schmalspuriger Adhäsionsbahn zu mindestens 6 m anzunehmen bei Stellung der Kragmasten zwischen den Gleisen.

Da die Durchgangsstraßen stets Straßenbahngleise erhalten werden, die dem Zwischenverkehr dienen, während die vom Straßenkörper vollständig losgelösten Schnellbahnen den Schnellverkehr fördern, müssen sie für den Fuhrverkehr einschließlich Straßenbahn mindestens 3 mal 6 oder 18 m haben, wobei für Automobilverkehr keine besondere Fahrbahn vorgesehen ist. Diese erfordert wieder mindestens 6 m.

Die Mindestbreite der Bürgersteige ist zu 3 m anzunehmen, wenn nicht der Gedanke Berücksichtigung finden soll, daß sie im Interesse der Fahrbahnbefestigung und der Verbilligung der Hausanschlüsse alle oder wenigstens den überwiegenden Teil der unterirdischen Versorgungsleitungen aufnehmen sollen. Dann erfordern sie mindestens je 5 m, zusammen also 6 bis 10 m der Straßenbreite.

Die Gesamtbreite der Verkehrsstraßen müßte hiernach ohne besondere Automobilstraße 24 bis 28 m, mit eigener Automobilstraße 34 m sein, wenn auf besondere Radfahrwege, Reitwege, Baumreihen und Grünstreifen verzichtet wird. Diese erfordern wieder mindestens zusammen 13 m, so daß 47 m Gesamtbreite als notwendig entstehen können, die sich verringern lassen durch Verlegung der zuletzt genannten Verkehrsbänder in parallel laufende Entlastungsstraßen.

Diese angegebenen Straßenbreiten wären je nach Lage in dem Bebauungsplan durch Baufluchtlinien frei zu halten, während zurzeit stellenweise die Straßenfluchten enger zusammenrücken könnten. Dabei hätte für diese Straßen die ergänzende Baupolizeivorschrift hinzuzutreten, daß die Vorbauten an Häusern dieser Straßen den Vorschriften des Normalfalles unterliegen, wenn Straßen- und Bauflucht zusammenfallen, damit bei späterer Beseitigung der Vorgärten die Erdgeschoßvorbauten nicht hinderlich sind.

Der Name „Grünflächen" ist gewählt entsprechend ihrer Charakteristik in der Natur und auf den Plänen. Unter Grünflächen sind Wälder, Felder und Wiesen mit Spiel- und Sportplätzen, Anlagen und Friedhöfe verstanden.

Grünflächen.

Diese Grünflächen sind überall da, wo sich Ansiedelungen von Menschen befinden, ein unbedingtes Erfordernis im Interesse der Gesundheit, denn die Pflanzen geben der Luft den Sauerstoff, ohne den der Mensch nicht leben kann. Sie sind die natürlichen Luftgeneratoren. Die Beziehungen zwischen der Pflanzenwelt, den grünen Lebewesen und denjenigen mit rotem Blute sind also derartig, daß erstere die Vorbedingungen sind für die Existenz der letzteren.

Die Lebensfunktionen der Menschen haben fortwährend die innerliche Abnutzung und Loslösung kleinster Teilchen zur Folge, welche die Neigung haben, zu verwesen, d. h. giftig zu werden. Der Organismus muß sie daher ausscheiden. Dieser Ausscheidung geht eine Veränderung voraus, eine Verbrennung mit Hilfe der roten Blutkörperchen, welche aus der Lunge Sauerstoff mit sich gezogen haben. Die Lunge stößt die verbrauchte Luft aus und sucht neuen Sauerstoff in dem Einatmen neuer unverbrauchter Luft. Durch Wegnahme des Sauerstoffes wird die umgebende Luft verbraucht und ihre weitere Einatmung verursacht eine Art Selbstvergiftung und endlich den Tod. Den Sauerstoff erhält die Luft von den Pflanzen nach folgendem Vorgang:

Das Sonnenlicht erzeugt zunächst das Blattgrün. Dieses Blattgrün zerlegt dann die aus dem Boden und der Luft aufgenommene Kohlensäure in Kohlenstoff und Sauerstoff. Ersteren benutzen die Pflanzen zu ihrem weiteren Ausbau, letzteren geben sie tagsüber an die Luft ab.

Ohne Licht, ohne Sonne gedeihen weder Pflanzen noch Menschen. Sie ist die Grundbedingung für das Entstehen und die Weiterentwicklung alles Lebens auf Erden. Darum fordern wir die Möglichkeit des Sonnenscheins in allen Räumen, zum dauernden Aufenthalt für Menschen bestimmt, und eine freie, luftige Bauweise der Stadtteile durch praktisch disponierte Hausgrundrisse in gesunden Baublocks. Die gesunde, freie, luftige Bauart der Städte erreichen wir neben der Beschränkung der Geschoßzahl und Freihaltung des Innern der Baublocks von Bauwerken aller Art mit dem Anstreben durchgehender rückwärtiger Baulinien, am besten vermittels der Grünflächen in günstiger Anordnung.

Sie sind zu betrachten bezüglich ihres Charakters, ihrer Größe, ihrer Lage und ihrem Zusammenhange miteinander.

Die großen zusammenhängenden Grünflächen, die nur an Sonn- und Feiertagen oder freien Nachmittagen aufgesucht werden können, liegen meistens weit außerhalb der Ortslagen. Dort sind auch die Volksspiel- und Sportplätze zu suchen. Diese Flächen werden aber von einem großen Teil der Bevölkerung nicht besucht, weil sie in der Regel zu umständlich zu erreichen sind. Nachdem der im Südosten der Stadt gelegene Essener Stadtwald bereits vier Jahre unter Obhut, Pflege und Fürsorge einer besonderen Kommission rein für die Interessen der Bevölkerung ausgestaltet war, unter einem täglichen Kostenaufwand von etwa 350,— Mark, konnte ich Zeuge eines Gespräches zwischen ortsansässigen Arbeitern des Nordwestviertels sein, die ihn weder selbst, noch mit ihren Familien jemals aufgesucht hatten. Dasselbe mag in Duisburg der Fall sein, wo der schöne ausgedehnte Stadtwald an der Ostgrenze der Gemeinde liegt, während ihr Zentrum und Westen von Grünflächen ganz entblößt sind. Hier taucht also der Gedanke auf, daß die Verkehrsverbindung nach den großen Erholungsflächen tunlichst verbessert werden muß, daß aber auch Wanderwege in Grünzügen als Verführung dienen sollen, sie aufzusuchen mit dem gleichzeitigen Zweck, die Bebauung in diesen Vierteln freier und gesunder zu gestalten, die Wohndichte pro Hektar zu verringern.

Neben diesen Feiertagsgrünflächen müssen aber auch andere vorhanden sein, die leichter erreichbar sind von den dicht gedrängten Wohnstätten aus, also in dem Stadtplan verteilt sich befinden.

Diese Verteilung kann erfolgen als inselförmige Anlage oder in Form der bereits gestreiften Grünzüge, die das Stadtbild durchweben. Die letztere Anordnung ist jedenfalls die zweckmäßigere, denn je zusammenhängender die Grünzüge sind, um so wirkungsvoller sind sie auch als Luftregeneratoren in dem Stadtorganismus.

Nach diesen Ausführungen sehen wir die Grünflächen in dreierlei Form vor uns, die ausgedehnten Flächen außerhalb der Ortslage, der Wald- und Wiesengürtel, die von ihm nach dem Stadtkern zu radial verlaufenden Grünzüge und endlich, als minderwertiger Ersatz für sie, die inselförmig auftretenden Grünflächen verschiedenen Umfangs. Als Bindeglieder und Zugänge zu ihnen erscheinen dann die Alleen und Schmuckstraßen mit Vorgärten. Es ergibt sich also das Schema auf Blatt 19, wo auch die planmäßige Übertragung dieses Schemas auf die örtlichen Verhältnisse in der Südstadt von Essen zur Darstellung gebracht ist.

Über die Ausbildung der Grünflächen möge noch folgendes im einzelnen ausgeführt werden:

Grundsätzlich müssen sie zweckmäßig angelegt werden. Das gilt schon für die Baumpflanzungen in den Straßen. Wieviel Verkehrtheiten findet man hier und insbesondere welche Unwirtschaftlichkeit. Man träumt von einer Parkallee und pflanzt Reihen von Reiserbesen in die Straßen, weil die Lebensbedingungen des Baumes nicht beachtet werden. Das ist eine zwecklose Verschwendung des Gemeindevermögens. Der gesunde und gut in Nährboden gepflanzte lebensfähige Baum kostet in der Stadt mit dem erforderlichen Schutz etwa 20 bis 25 Mark. Also kosten zwei Reihen von nur 200 m Länge etwa 1300 bis 1600 Mark. Für dieses Geld läßt sich im Straßenbilde eine wirkungsvolle zusammenhängende leistungsfähige Anlagenfläche schaffen, die wirklich zweckmäßig und dauernd von Wert ist, während die unzweckmäßig angebrachten Baumpflanzungen immer wieder erneuert und schließlich aufgegeben werden müssen.

Bäume sollen nur in Straßen von genügender Breite gepflanzt werden. An den Häuserreihen nur dann, wenn Vorgärten vorhanden sind, die mindestens 8 m Baumabstand von den Häusern zulassen. Das Straßenprofil muß so sein, daß der Baum nicht eingeschüttet oder eingepflastert wird, damit die Wurzeln Luft haben. Auch dürfen keine dem Baumwuchs nachteiligen Befestigungsarten gewählt werden.

Schön, zweckmäßig und wirkungsvoll ist die Königsallee in Düsseldorf. Falsch, unzweckmäßig, unwirtschaftlich und wirkungslos sind die Baumpflanzungen in der Bahnhofstraße in Essen, auf der Essen-Werdener Straße in Bredeney und in einer Fülle anderer Fälle, die jede Gemeinde in ihrem Gebiete kennt, wenn sie einmal darauf aufmerksam gemacht ist.

Die größeren Grünflächen mit Erholungs- und Spielplätzen, welche inselförmig angelegt werden müssen aus Platzmangel, wären in jedem Stadtteil vorzusehen, so daß sie von allen Gebäuden ihres Interessenbezirks in 5, höchstens 10 Minuten erreicht werden können. Sie sind namentlich für die heranwachsende Jugend und insbesondere die Kleinsten, die noch auf den Kinderwagen und Mutterschutz angewiesen sind, Lebensbedingung und werden am zweckmäßigsten in das Blockinnere verlegt, weil sie dann einmal durch Zusammenhang mit Privatgärten wirkungsvoller sind, dann aber auch wirtschaftlicher angelegt werden können, da sie durch keine Straßenausbaukosten belastet werden. Einige Beispiele derartiger Anlagen aus Essen sind auf Blatt 20 zur Darstellung gebracht. Das eine Beispiel ist an die Stelle des aufgehobenen schematischen Bebauungsplanes an dem Bahnhofe Essen West größtenteils durchgeführt in einem Arbeiterwohnviertel. Die Innenparkanlage mit Spielplätzen hat ungefähr den gleichen Zug, wie die Hauptverkehrsstraße von der Unterführung zu einem zweiten Arbeiterwohnviertel und ermöglicht es den Arbeitern, bei dem Gange von und zu der Fabrik, welche sich nördlich des Bahnhofes befindet, anstatt der Verkehrsstraße die vom Wagenverkehr freie Grünanlage zu benutzen. Das andere Beispiel ist ein im Festsetzungsverfahren begriffener Plan für ein Wohnviertel höherer Steuerzahler.

Hätte man diese Anlagen unmittelbar an Straßen gelegt, so müßte die Gemeinde die Straßenbaukosten tragen, die sich bei einer Anlage von 300 bis 500 m Randlänge bis auf 50 000 Mark erstrecken können. Für diesen Betrag kann die ganze Grünanlage gärtnerisch und mit Wegen ausgestaltet werden, und hierbei ist das Geld am zweckmäßigsten verwandt. Selbstverständlich brauchen derartige Anlagen nicht die Regel zu bilden, die Grünanlage, von Straßen umgeben, ist auch berechtigt; derartige Beispiele sind in die Villenstadtteile zu legen.

In der Stadterweiterung bieten Baumgruppen, vorhandene Talmulden, Ausblickstellen genügend Anhaltspunkte für die Projektierung der Grünzüge. Zu ihrer Annahme gehört eine gewisse Entschiedenheit, die sich loslöst von dem Gedanken, daß jede Parzelle im Gemeindegebiet unbedingt Bauland sein soll. Durch zähes Festhalten am ortsstatutarischen Bauverbot und durch weitgehende Baupolizeivorschriften, die eine im Bezirk noch häufig vorhandene eingeschossige offene Bauweise mit großen Grenzabständen auf solche Stellen legt, endlich durch Handhabung von Anordnungen auf Grund des Gesetzes von 1907 läßt sich vieles erreichen. Es kann in diesem Sinne z. B. auf das Mühlbachtal in Essen-Holsterhausen verwiesen werden, worin bis jetzt über 10 Jahre lang immer wiederholt das ortsstatutarische Bauverbot ausgeübt worden ist. Jetzt hat in der Stadtvertretung und in der Bürgerschaft der Gedanke Platz gegriffen, daß eine Bebauung des Tales überhaupt falsch wäre und die volle Berechtigung dieses Grünzuges wird nicht mehr bestritten. Wie sehr ist hiermit seine dauernde Erhaltung erleichtert.

Gewiß bedeutet dieses Vorgehen einen scharfen Eingriff in das Privateigentum. Ist es aber grundsätzlich etwas anderes, als wenn die Vororte der Großstadt im Interesse der öffentlichen Gesundheit sich die vierfache Beschränkung der Baufreiheit gefallen lassen müssen wie der Stadtkern?

Welcher Art sind nun die Grünflächen des Bezirkes, wie sind sie verteilt, welche Beziehungen haben sie zu den Siedelungsgruppen?

Zur Beantwortung dieser Fragen sind drei Übersichtspläne beigefügt: Blatt 21 gibt die Grünflächen des Bezirkes getrennt in Wald, Wiese und Anlagen, worunter z. B. auch Friedhöfe und Spielplätze fallen. Außerdem sind auch die Wanderwege zur Darstellung gebracht.

Blatt 22 stellt die Eigentumsverhältnisse dieser Grünflächen unter Angabe des fiskalischen, des kommunalen und des Privateigentums dar, wobei das Eigentum gemeinnütziger Gesellschaften, wie z. B. des Verschönerungsvereins in Elberfeld und Barmen als kommunales Eigentum angegeben ist.

Blatt 23 gibt die derzeitige Lage der Grünflächen und der Arbeitsstätten der Großbetriebe zu einander.

Diese drei Blätter ermöglichen eine eingehende generelle Orientierung. Ergänzend müssen dann noch die Pläne der einzelnen Gemeinden in größerem Maßstabe zu Rate gezogen werden.

Deutlich prägen sich wieder die drei getrennten Siedelungsgruppen des Wuppertals, des Ruhr-Emscher-Gebietes und die Einzelstadt Düsseldorf aus. Vor allem fällt auf Blatt 23 das Gebiet des Kohlenbergbaues und der Montanindustrie zwischen Ruhr und Emscher über den Rhein-Herne-Kanal hinaus in machtvoller Breite und Länge auf. Es schneidet den Bezirk in zwei Teile, durchsetzt von industriellen Großanlagen der Kohlenzechen und Hüttenwerke mit ihren qualmenden Schornsteinen, klappernden Fördertürmen, staubenden Schlackenhalden, giftigen Hochofengasen, lärmenden Dampfhämmern und Schlagwerken, eine ernste Arbeitsstätte: Stadt reiht sich an Großstadt, keine zusammenhängende Feldmark ist mehr vorhanden. Das ursprüngliche Grün der Natur, die Wälder, sind im wesentlichen vernichtet, und doch ist das Gebiet noch heute voll landschaftlicher Schönheit. In den reich und wellig gestalteten, geschwungenen Landschaftssilhouetten gibt es eine Fülle von Motiven zu gesunder künstlerischer Gestaltung der Ansiedelungen. Zur Schaffung reizvoller Perspektiven und Fernblicke, zur Erhaltung und Ergänzung der so notwendigen Grünanlagen, die bedingungslos der Industrie oder der häufig erbarmungslosen Bauspekulation anheimgefallen sind, finden sich noch überall Baumgruppen und Wiesenflächen, Talmulden und Hügel.

Im Westen bildet das Duisburger Industriegelände den Abschluß, bereits mit dem Bestreben, sich auf das linke Rheinufer auszudehnen. Jm Osten setzt der westfälische Industriebezirk sich in gleichem Charakter fort.

Während die Stadtanlagen Duisburg und Mülheim das Grün auf das linke Ufer der Ruhr vertrieben haben und Mülheim jetzt mit Hilfe eines Stichkanals und seiner geplanten Hafenanlagen die Industrieflächen noch weiter nach Süden drängt, sehen wir in Essen noch zusammenhängende Wälder nördlich der Ruhr, und das Ruhrtal selbst mit seinen idyllischen Seitentälern bildet einen wunderbaren Kontrast zur Emscher-Niederung. Die Ruhr, einst der verkehrsreichste Fluß, aus dessen Schleusengebühren ein Ruhrorter Hafen gebaut werden konnte, ist im wesentlichen von der Industrie verlassen und nur noch das „fiskalische Steinschiff" stempelt sie zum schiffbaren Flusse. Auch die geplante Schiffbarmachung der Ruhr wird hieran nichts Wesentliches ändern, da die steilen Hänge stets hiervon unberührt bleiben werden.

Unmittelbar südlich der Ruhr beginnen im Osten die großen zusammenhängenden Grünflächen des bergischen Landes, die sich bis zu den Hängen des Wuppertales erstrecken, und im Westen bilden der Duisburger Wald, der Broich-Speldorfer und der Speesche Wald bis nach Düsseldorf hin einen mächtigen Luftregenerator für den Industriebezirk, der um so wirkungsvoller ist, weil die im Bezirke vorherrschenden Südwestwinde ständig darüber hinwegstreichen und ozonreich den Arbeitsstätten des Bezirkes zuströmen. Die Waldungen des Ostens und Westens werden durch langgestreckte Täler: das Neandertal, das Angertal und eine reizvolle Landschaft miteinander verkettet.

Aber auch nördlich vom Industriebezirk finden sich noch große zusammenhängende Grünflächen Im Kreise Dinslaken die Hühnerheide, der Königliche Forst Hiesfeld, der Königliche Wald, das Voingholz und andere, die sich in zusammenhängenden Zügen herunterziehen bis Osterfeld und Bottrop, dann weiter östlich die großen Waldbestände im Gebiete von Gladbeck und Buer und endlich nördlich von Gelsenkirchen der ausgedehnte Emscherbruch.

Aufgabe der Planung wird es sein müssen, aus diesen Großgrünflächen durch Erhaltung, Ergänzung und insbesondere durch Verkehrsverbesserungen den notwendigen Vorteil für die Bevölkerung zu ziehen.

Noch sind die Rheinufer zwischen Duisburg und Düsseldorf recht reizvoll. Es steht aber zu befürchten, daß ihnen die Industrie jeden Reiz der Natur nimmt, um ihn vielleicht bei weiterem sieghaften Vordringen des Werkbundes durch imposante Industriebauten zu ersetzen. Erstrebenswert wäre aber auch hier ein zeitiges Eingreifen, um zwischen Natur und Industrie den Kompromiß zu suchen. Stichkanäle könnten der Industrie mehr landeinwärts gelegene Plätze schaffen, und die Ufer könnten Grünzüge bleiben.

Neben den Großgrünflächen interessiert dann noch der in den drei Siedelungsgruppen vorhandene Bestand an Grünflächen und insbesondere, welcher Teil hiervon erhalten wird.

Die erste Frage beantworten die nach den statistischen Jahrbüchern deutscher Städte und nach den Angaben der einzelnen Verwaltungen für das Jahr 1910 aufgestellte Tabelle 40 und Blatt 14, worauf die Stadtflächen als Kreise und ihre Einteilung nach Prozenten in Baugebiete und in die Wasser- und Straßenflächen dargestellt sind. Die Daten der Jahrbücher sind nicht einwandfrei.

Diese Zahlen sind wohl interessant, haben aber nur rein akademischen Wert. Es kommt darauf an, eine praktische Arbeit zu lösen, die darauf hinausläuft, das sichere Eigentum an Gemeindegrünflächen zu vergrößern, die Flächen so zu verteilen, daß sie am zweckmäßigsten in dem Generalsiedelungsplan untergebracht sind, und endlich, sie zugänglich zu machen durch Wanderwege.

Aus der Tabelle 40 geht zunächst eine erstaunliche Verschiedenheit des Bestandes der Grünflächen hervor. Mülheim steht infolge seiner großen Eingemeindung von Broich und Saarn an erster Stelle mit 2605 Hektar oder 37,2 % der Stadtfläche. Von dieser Fläche entfällt allerdings etwa ein Viertel auf die Broich-Speldorfer Gartenstadt und ihre Großanlieger, wie Hugo Stinnes und andere; werden also der öffentlichen Zugänglichkeit entzogen.

An zweiter Stelle steht die Stadt Duisburg mit 875 Hektar, ferner Düsseldorf mit 708 Hektar, dann die gleichwertige Gruppe Essen, Barmen und Elberfeld und endlich an letzter Stelle Hamborn und Oberhausen mit 70 und 64 Hektar, die grünverlassensten Industriestädte des Bezirkes.

In Prozenten des Stadtgebietes ausgedrückt hat

Mülheim . . . . 37,2 %,
Barmen . . . . 12,5 %,
Duisburg . . . . 12,4 %,
Elberfeld . . . . 8,6 %,
Essen . . . . 7,4 %,
Düsseldorf . . . . 6,3 %,
Oberhausen . . . . 3,1 %,
Hamborn . . . . 3,1 % Grünflächen.

Hier stehen also die reinen Industriestädte Mülheim, Duisburg, Essen, Barmen, Elberfeld über der rheinischen Gartenstadt Düsseldorf. Wie bemerkt, sind aber die Daten der Jahrbücher nicht einwandfrei.

Die Feststellung, wieviel Quadratmeter Grünflächen auf einen Einwohner entfallen, ergibt folgendes Resultat:

In Mülheim entfallen 231,3 qm Grünfläche auf einen Einwohner
,, Duisburg 38,1 ,,
,, Düsseldorf 19,7 ,,
,, Barmen 16,0 ,,
,, Elberfeld 15,8 ,,
,, Essen 9,7 ,,
,, Oberhausen 7,2 ,,
,, Hamborn 6,8 ,,

Diese Zahlen geben kein erschöpfendes Bild über die einer Gemeinde zur Verfügung stehende Grünfläche. Es kann z. B. unmittelbar an der Gemeindegrenze eine große Waldung beginnen, dann tritt eine Verschiebung zum Günstigeren ein. So hat Essen außerhalb des Stadtgebietes noch den im Eigentum der Stadtgemeinde befindlichen Stadtwald mit 26 Hektar, sowie weiteres Grünflächengelände in Größe von 19 Hektar, und der anschließende Schellenberger Wald tritt in seiner Wirkung hinzu. Das Gleiche gilt für Elberfeld mit dem Burgholz, für Duisburg mit den Speeschen Waldungen und für Düsseldorf mit dem Benrather Wald.

Die Grünflächen sind nun durchaus kein dauernder Bestand. Als dauernder Bestand kann zurzeit nur der in dem Gemeindeeigentum befindliche angenommen werden, möge er innerhalb oder außer-

Tabelle 40.

Aufteilung der Stadtfläche im Jahre 1910.

Nach den Angaben des statistischen Jahrbuchs deutscher Städte, sowie denjenigen der einzelnen Verwaltungen.

Stadt	Größe	Einwohner 1.12.10.	Grünflächen (Wälder, Wiesen, Parks, Friedhöfe)			Wasserflächen		Straßen, Wege, Eisenbahnen		Häuser, Höfe, Hausgärten	
			Gesamt-fläche	%[1]	pro Kopf der Be-völkerung	Gesamt-fläche	%[1]	Gesamt-fläche	%[1]	Gesamt-fläche	%[1]
	ha		ha		qm	ha		ha		ha	
1	2	3	4	5	6	7	8	9	10	11	12
Mülheim	7 010	112 580	2605	37,2	231,3	87	1,2	422	6,0	3896	55,6
Duisburg	7 072	229 483	875	12,4	38,1	558	7,9	694	9,9	4945	69,8
Düsseldorf	11 156	358 728	708	6,3	19,7	831	7,4	740	6,6	8877	79,7
Essen	3 875	294 653	288	7,4	9,7	29	0,7	533	13,8	3025	78,1
Barmen	2 173	169 214	271	12,5	16,0	18	0,8	245	11,2	1639	75,5
Elberfeld	3 132	170 195	270	8,6	15,9	22	0,7	216	6,9	2624	83,8
Hamborn	2 240	101 703	70	3,1	6,9	—	—	180[2]	8,0	1990	88,9
Oberhausen	2 100	89 900	64	3,1	7,1	53	2,5	180	8,6	1803	85,8

---

[1] % der Stadtfläche.
[2] Annahme.

halb der Gemeinde liegen, wobei z. B. in Elberfeld und Barmen das Eigentum gemeinnütziger Vereine ebenso zu betrachten ist. Stellt man den Umfang des Gemeindeeigentums an Grünflächen zusammen, so ergibt sich Tabelle 41, wobei für die Reihenfolge der Städte die Zahl der Quadratmeter Grünflächen pro Kopf der Bevölkerung maßgebend war. Hier zeigt sich sofort ein ganz anderes Bild.

In Mülheim fällt der große Broich-Speldorfer Wald als Privateigentum und Spekulationsgelände aus. Es rückt mit 4,4 qm Grünflächen pro Kopf der Bevölkerung im Gemeindeeigentum von erster Stelle an die vorletzte zu Hamborn mit 3,4. In Duisburg und in Düsseldorf spielen die städtischen Waldungen eine große Rolle. Sie rücken mit 23,5 und 19,4 qm Grünflächen pro Kopf der Bevölkerung an die erste Stelle. Dann kommen die Schwesterstädte Elberfeld und Barmen, bei denen öffentliche Anlagen und Waldungen zusammenschließen, mit 11 qm Grünflächen im Mittel pro Kopf der Bevölkerung und endlich Oberhausen mit 7,2 qm. Seine Grünfläche liegt abweichend von allen übrigen Gemeinden im Norden. Der Kaiserpark und der sogenannte Große Busch werden von Kanal und Emscher durchschnitten. Hierdurch und infolge der unmittelbar benachbarten Industrie macht diese Grünanlage einen anderen Eindruck wie die sattgrünen Elberfelder und Barmer Waldungen. Sie wird unter Einwirkung der schwefligen Säuren in der Luft recht schwer zu halten sein.

Dann folgt Essen mit 6,5 qm Grünflächen pro Kopf der Bevölkerung. Hier sind aber die Grünflächen wesentlich günstiger im Stadtgebiete verteilt, wie z. B. in Oberhausen, indem Essen in seiner Südstadt nach allen Richtungen hin die Grünflächen zerstreut und sie an die Häuserblocks herandrängt, wie Anlage Blatt 22 zur Darstellung bringt. Die Nordstadt Essens hat nur Friedhofsanlagen als Erholungsflächen. Schlimmer noch gestellt ist Duisburg. In dem ganzen Stadtgebiet zwischen Stadtwald und Rhein, also im Stadtgebiet überhaupt, fehlt jede nennenswerte Grünanlage.

Der anzustrebenden Idealverteilung der Grünflächen (Blatt 19) innerhalb ihres Gebietes nähert sich keine Stadt.

Am besten gestellt sind die Wupperstädte, wo die gemeinnützigen Verschönerungsvereine schon etwa ein halbes Jahrhundert an der Arbeit sind, dem Gemeinwesen die nahe liegenden Waldungen zu erhalten, deren Bestand von der dortigen Industrie nicht so beeinträchtigt wird wie im Ruhr-Emscher-Gebiet. Aber auch hier wäre es erwünscht, eng bebaute Viertel durch Alleestraßen und Anlagenzüge mit den Großgrünflächen zu verbinden. Dann wäre eine Verbindung der Elberfelder und Barmer Grünflächen sehr erwünscht, um einen vollkommenen Grüngürtel zu schaffen.

Derselbe Grundsatz, die Großgrünflächen durch Grünzüge in die Stadt hineinzuziehen, gilt für Düsseldorf, Duisburg, Oberhausen, Hamborn und Mülheim, das neuerdings durch eine Stiftung in die Lage gesetzt zu sein scheint, ohne wesentliche Anstrengung der Steuerlast diese Aufgabe auszuführen.

Es fragt sich nun, wo für die einzelnen Siedelungsgruppen die erforderlichen Reservegelände für Großgrünflächen zu suchen sind und wie sie erreichbar gemacht werden können.

Betrachtet man zunächst wieder die drei Siedelungsgruppen getrennt und die ihnen rein schematisch zur Verfügung stehenden Grünflächen, so ergibt sich die Darstellung auf Blatt 24. Detailliert man die Zahlen für das Jahr 1910, so ergibt sich Tabelle 42. Die Gruppe Rheinebene, Düsseldorf Stadt und Land, hat 7060 Hektar Grünflächen bei 449 643 Einwohnern oder 157 qm Grünfläche pro Einwohner. Hier tritt die große Speesche Waldung in Wirkung.

Die Gruppe Wuppertal, Elberfeld und Barmen allein, hat 541 Hektar Grünflächen mit 339 409 Einwohnern, so daß 15,9 qm Grünflächen auf den Einwohner entfallen. Dieses Resultat verschiebt Mettmann in sich mit 2160 Hektar Grünflächen und 115 442 Einwohnern oder 187,1 qm pro Einwohner sehr stark. Denn beide Teile zusammen haben 2701 Hektar Grünflächen mit 454 851 Einwohnern oder 59,3 qm pro Einwohner. Man ersieht also hieraus, wo die Wupperstädte ihre Reservegrünflächen suchen müssen.

Die dritte Gruppe des Ruhr-Emscher-Gebietes: Essen Stadt und Land, Mülheim, Duisburg, Oberhausen, Hamborn und Dinslaken weist bei 1 183 922 Menschen 11 571 Hektar Grünflächen oder pro Kopf 97,7 qm auf. Dieses Resultat verschiebt sich wesentlich, wenn man den Kreis Dinslaken und das Restgebiet gesondert betrachtet. Der Kreis Dinslaken allein hat 6 965 Hektar Grünflächen bei 78 799 Einwohnern oder pro Kopf 883,8 qm. Das Restgebiet Duisburg, Oberhausen, Mülheim, Essen hat zusammen 1 105 123 Einwohner bei 4 606 Hektar Grünflächen oder pro Kopf 41,6 qm. Teilt man dann noch die letztere Gruppe in zwei Unterabteilungen, so haben Duisburg, Oberhausen, Mülheim und Hamborn 3 614 Hek-

Tabelle 41.

Eigentumsverhältnisse der Grünflächen.
Nach den Angaben der Verwaltung zusammengestellt.

Stadt	Einwohner	Gemeindebesitz					Fiskalischer Besitz	Privat-Besitz	Zusammen
		Öffentliche Anlagen ha	Wald ha	Friedhöfe ha	Zusammen ha	pro Kopf der Bevölkerung qm			
1	2	3	4	5	6	7	8	9	10
Duisburg	229 483	52	448	40	540	23,5	335	—	875
Düsseldorf	358 728	123	447	125	695	19,4	13	—	708
Barmen	169 214	177		24	201	11,9	—	70	271
Elberfeld	170 195	148		38	186	10,9	18	66	270
Oberhausen	89 900	46	—	18	64	7,2	—	—	64
Essen	294 653	24	125[1])	42	191	6,5	0,14	142	333
Mülheim	112 580	32		17	49	4,4	2556	—	2605
Hamborn	101 703	21	—	14	35	3,4	35	—	70
Zusammen		1643		318	1961		3235		5196

[1]) Einschließlich des Stadtwaldes (26 ha) und des Schirp'schen Geländes (19 ha) außerhalb des Gemeindegebietes Gemeindeeigentum.

Blatt 24

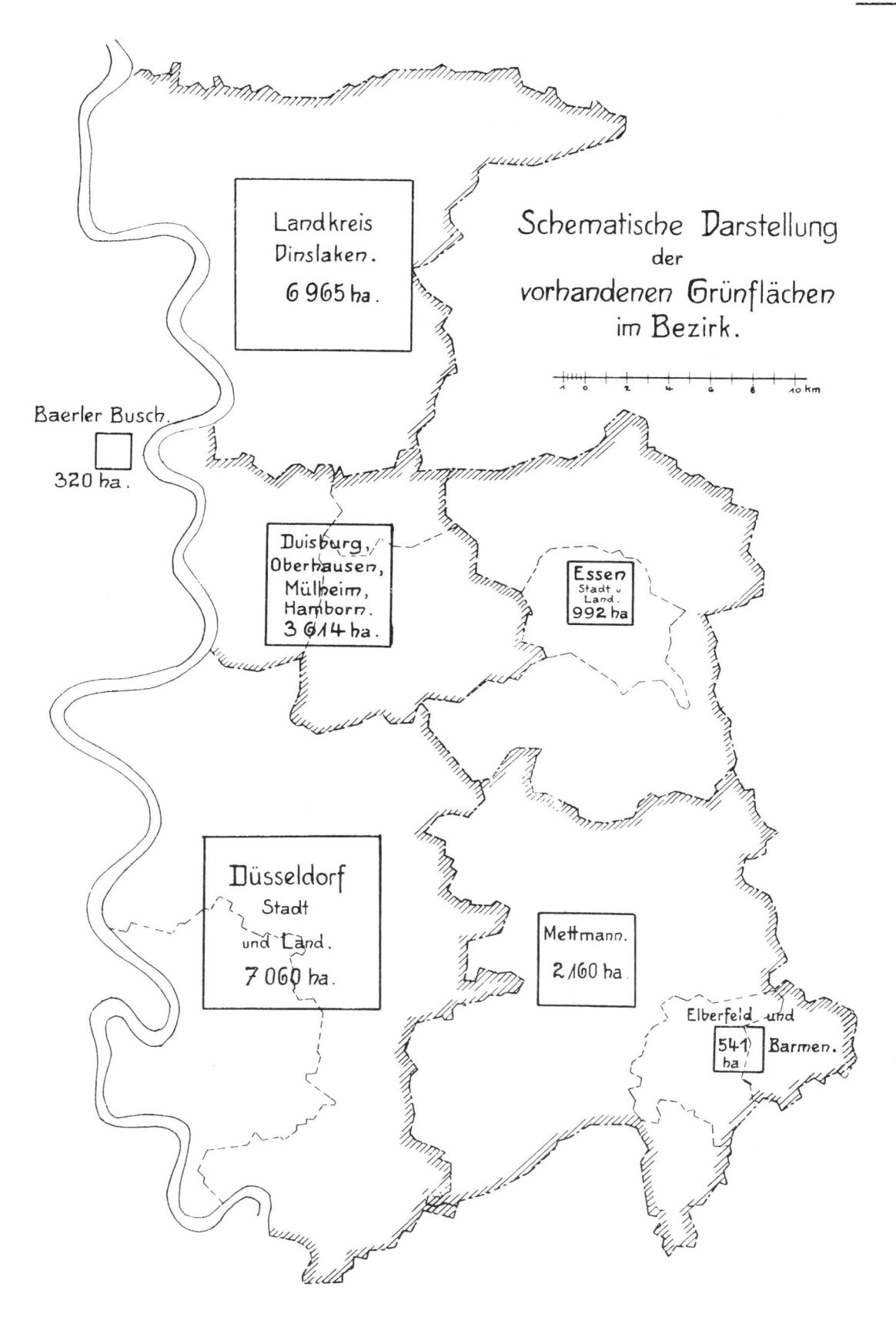

Schematische Darstellung der vorhandenen Grünflächen im Bezirk.

Landkreis Dinslaken.
6 965 ha.

Baerler Busch.
320 ha.

Duisburg, Oberhausen, Mülheim, Hamborn.
3 614 ha.

Essen Stadt u. Land.
992 ha

Düsseldorf Stadt und Land.
7 060 ha.

Mettmann.
2 160 ha.

Elberfeld und Barmen.
541 ha

Tabelle 42.

Das Verhältnis der Grünflächen zu den Einwohnern im Jahre 1910 nach Bevölkerungsgruppen.

Städte	Einwohner 1. 12. 10	Grünflächen zusammen ha	pro Kopf qm
1	2	3	4
1. Rheinebene			
Düsseldorf-Stadt	358 728	708	19,7
Düsseldorf-Land	90 915	6 352	698,6
	449 643	7 060	157
2. Wuppertal			
a) Elberfeld	170 195	270	15,8
Barmen	169 214	271	16,0
	339 409	541	15,9
b) Mettmann	115 442	2 160	187,3
zusammen:	454 851	2 701	59,3
3. Ruhr-Emscher			
a) Dinslaken	78 799	6 965	883,8
b) Duisburg	229 483	875	38,1
Mülheim	112 580	2 605	231,3
Oberhausen	89 900	64	7,2
Hamborn	101 703	70	6,8
	533 666	3 614	66,4
c) Essen-Stadt	294 653	288	9,7
Essen-Land	276 804	704	25,4
	571 457	992	17,4
a und b zusammen:	1 183 922	11 571	97,7
b und c zusammen:	1 105 123	4 606	41,6

tar mit 533 666 Einwohnern oder 66,4 qm Grünfläche pro Einwohner, Essen Stadt und Land 992 Hektar Grünflächen mit 571 457 Einwohnern oder pro Kopf 17,4 qm.

Aus diesen Zahlen sind unmittelbar die Folgerungen zu ziehen, welche das Blatt 24, Schematische Darstellung der Grünflächen, noch näher erklärt.

Düsseldorf Stadt mit 19,7 qm Grünflächen pro Kopf der Bevölkerung muß Ersatz suchen in Düsseldorf Land, nördlich in den Speeschen Waldungen, südöstlich in dem Eller Forst und den Königlichen Waldungen. Diese und der Aper Wald müßten durch einen Großgrünzug verbunden werden, der dann nördlich und südlich der Stadt als Grüngürtel bis zum Rhein fortgeführt wird.

Duisburg mit 38,1 qm Grünflächen pro Kopf, wovon 23,5 qm Gemeindeeigentum sind, muß bedenken, daß sein östlicher Stadtwald stark unter Rauchschäden leidet und der Vernichtung anheim fallen wird. Es kann zunächst nur Ersatz suchen im Landkreise Düsseldorf in den Speeschen Waldungen. In seinem nördlichen Teile hat es mit Hamborn und Oberhausen nahezu gleiche Interessen und muß Ersatz im Kreise Dinslaken suchen. Oberhausen muß dann Grünverbindungen nach Süden suchen zum Broicher Wald. Es wird genötigt sein, größere Grünflächen in Frintrop und mit Mülheim in Dümpten zu schaffen und zu erhalten.

Mülheim mit seinen 4,4 qm Grünflächeneigentum pro Kopf der Bevölkerung müßte in Winkhausen, Heißen, Holthausen, Saarn größere zusammenhängende Grünzüge schaffen und vor allem vom Broicher Wald sich mehr als die wenigen kleinen Stellen sichern.

Essen Stadt und Land ist im wesentlichen zunächst darauf angewiesen, Ersatz für Grünflächen in den Seitentälern der Ruhr und an den Hängen des Ruhrtales zu suchen, in Bredeney, Fulerum, Haarzopf, Heisingen, nördlich in Stoppenberg, wo sich noch recht gut zusammenhängende Grünzüge schaffen lassen. Die weiteren Interessen nach Osten und Norden spielen nach Westfalen hinüber, gemeinsam mit den westfälischen Städten. Die bis zur Ruhr angebaute Stadt Essen wird weiteren Ersatz südlich der Ruhr und im Norden des Kreises Mettmann, die Wupperstädte werden in weiterer Zukunft Ergänzungen in dem Süden dieses schönen Kreises suchen müssen, nachdem sie ihre jetzigen Grünflächen zu einem Grüngürtel vereinigt haben.

Die Kosten für die kleineren Grünflächen innerhalb des Gemeindebezirks müßten die Gemeinden selbst tragen. Für die Kosten der Großgrünflächen käme eine Vereinigung der interessierten Gemeinden oder der Provinzialverband in Frage.

Der erwünschte Kostenüberschlag soll weiter unten aufgestellt werden. Hier soll lediglich darauf hingewiesen werden, daß sich Städte wie Duisburg und Essen mit isoliertem Stadtwaldbesitz nicht scheuen sollten, geeignete Teile des Stadtwaldes zu veräußern und im Rahmen des Stadtplanes der Bebauung in einwandfreier Weise zu übergeben, wenn mit dem Erlöse in den von Grünflächen isolierten Stadtteilen Abhilfe geschaffen werden kann.

Spiel- und Sport-Plätze.

Neben und in den Grünanlagen interessieren insbesondere die Spiel- und Sportplätze, die zur Schaffung und Erhaltung eines gesunden und wehrkräftigen Volkes, insbesondere für die heranwachsende Jugend in dem erforderlichen Umfange und der zweckmäßigen Verteilung vorhanden sein müssen. Durch Umfragen bei den Großstädten des Bezirkes sind die erforderlichen Unterlagen beschafft und auf den Tabellen 43 und 45 gegeben. In dieser Tabelle sind zunächst für den Beginn der drei Jahrfünfte 1900, 1905 und 1910 die hier interessierenden Seelenzahlen zusammengestellt. Dabei ist die Beziehung zwischen der Gesamtzahl der Bevölkerung und der Kinderzahl überhaupt gegeben, sodann in zwei Gruppen geteilt, einmal diejenigen bis zu sechs Jahren dann die schulpflichtigen Kinder, wobei auch die Prozentsätze von der Gesamtbevölkerung angegeben sind. Die Kinderzahlen für 1910 sind nur für Essen genau angegeben, für die übrigen Städte geschätzt nach dem Prozentsatze, der sich fünf Jahre früher ergab, da die entsprechenden statistischen Unterlagen noch nicht herausgekommen sind.

Die Spielplatzanlagen werden getrennt nach Spiel- und Sportplätzen und den unbedingt notwendigen Schulplätzen gegeben. Die Spiel- und Sportplatzanlagen sind nicht alle als dauernd zu betrachten. Z. B. in Oberhausen und Duisburg sind ungefähr 50 % derselben vorübergehend in Benutzung. In anderen Gemeinden sind sie zum Teil im Privatbesitz, also auch ohne bestimmte Dauer. Nicht ganz sicher ist überall, ob bei Schulplätzen wirklich die tatsächlichen Nutzflächen für Spiele usw. angegeben sind. Eine derartige Berechnung ist nur für die Stadt Essen genau durchgeführt, indem Pflanzflächen, Schulgärten, bebaute Flächen in jedem Einzelfalle vorher in Abzug gebracht worden sind. Insgesamt waren 1905 in den

— 76 —

Tabelle 43.

Städte des Regierungsbezirks Düsseldorf rechtsrheinisch	Bevölkerung 1900								Bevölkerung 1905						
	Gesamt-zahl	Kinder unter 6 Jahren		Schulpflichtige Kinder		Kinder v. 1–14 Jahren zusammen		Gesamt-zahl	Kinder unter 6 Jahren		Schulpflichtige Kinder		Kinder v. 1–14 Jahren zusammen	
		Zahl	%	Zahl	%	Zahl	%		Zahl	%	Zahl	%	Zahl	%
1	2	3	4	5	6	7	8	9	10	11	12	13	14	15
Düsseldorf	213 711	32 524	15,30	32 910	15,40	65 434	30,70	253 274	37 934	15,0	38 938	15,35	76 972	30,35
Essen	118 826	20 041	17,50	18 874	15,85	38 915	33,35	231 360	43 520	18,80	31 154	13,35	74 674	32,15
Duisburg	92 730	16 568	17,80	16 234	17,50	32 802	35,30	192 346	36 589	19,10	34 628	18,00	71 217	37,10
Oberhausen	42 148	6 979	16,50	6 979	16,50	—	—	52 166	10 648	20,9	9 055	17,40	19 703	38,30
Elberfeld	156 966	23 377	14,85	27 005	17,25	50 382	32,10	162 853	23 284	14,40	27 140	16,65	50 424	31,05
Mülheim	38 280	—	—	6 458	16,90	—	—	93 599	17 672	18,80	17 799	19,00	35 471	37,80
Barmen	141 944	21 492	15,05	23 899	16,90	54 391	31,95	156 080	23 193	14,80	26 040	16,70	49 233	31,50
Hamborn	32 591	—	—	5 599	17,20	—	—	67 453	15 328	22,30	11 511	17,20	26 839	39,50

Tabelle 44.

Städte außerhalb des Regierungsbezirks Düsseldorf	Gesamt-zahl	Kinder unter 6 Jahren		Schulpflichtige Kinder		Kinder v. 1–14 Jahren zusammen	
		Zahl	%	Zahl	%	Zahl	%
1	2	3	4	5	6	7	8
Wiesbaden	86 111	9 865	11,20	10 678	12,35	20 363	23,55
Potsdam	59 796	5 638	9,59	8 146	13,65	13 784	23,15
Münster i. W.	69 977	7 957	13,30	8 723	12,50	16 690	25,80
Berlin	1 888 848	12 272	6,55	11 833	6,30	24 105	12,85
Breslau	426 192	54 978	12,85	61 511	14,30	116 489	27,15

Tabelle 45.

Städte des Regierungsbezirks Düsseldorf rechtsrheinisch	Gesamt-zahl	Zahl der Kinder unter 6 Jahren (geschätzt nach dem Prozentsatz 1905)	Schulpflichtige Kinder	Kinder v. 1–14 Jahren zusam. (geschätzt nach dem Prozentsatz 1905)	Bevölkerung 1910	Spielplätze 1912		Auf ein Schulkind entfiele Schulplatz qm	Auf ein Kind überhaupt entfiele Spielplatz qm	Von den Spielplätzen sind **nicht dauernde** Anlagen	
					Schul-plätze qm	Sport- und Spielplätze qm	Insgesamt qm			Anzahl	% der Gesamt-summe
1	2	3	4	5	6	7	8	9	10	11	12
Düsseldorf	356 733	52 500	54 600	107 100	212 100	859 100	1 071 200	3,88	10,00	67 350	16,85
Essen	294 653	56 995	55 822	112 817	185 246	263 801	449 047	3,32	4,35	74 674	21,36
Duisburg	227 075	51 600	41 000	92 600	273 089	126 013	399 102	6,65	4,30	26 500	11,55
Oberhausen	89 910	17 950	15 600	33 550	171 620	58 066	229 686	4,58	3,88	32 650	17,35
Elberfeld	170 066	24 500	28 300	52 800	97 450	90 350	187 800	3,45	3,55	—	—
Mülheim	110 658	19 900	21 000	41 000	93 908	21 579	115 487	4,46	2,81	nur dauernde Angaben	—
Barmen	169 019	25 000	28 200	53 200	61 457	83 320	144 777	2,18	2,72	—	—
Hamborn	101 703	22 700	17 500	40 200	72 500	10 657	83 157	4,14	2,07	10 000	12,00

Großstädten des Bezirkes 1,2 Millionen Bevölkerung und rund 405 000 Kinder bis zur Schulentlassung vorhanden, d. h. etwa 33,4 % der Bevölkerungszahl überhaupt. Da in dem Bezirke zurzeit 2,2 Millionen Menschen vorhanden sind, kann mit etwa 735 000 Kindern bis zum vierzehnten Lebensjahre gerechnet werden. Eine recht bemerkenswerte Zahl, für deren Gesundheit sich die Sorge lohnen dürfte.

Diesen 735 000 Kindern stehen zurzeit nach Tabelle 45 rund 151 Hektar Spiel- und Sportplätze, sowie rund 107 Hektar Schulhöfe, insgesamt 268 Hektar Spielfläche zur Verfügung. Dabei sind die Spielplätze und Schulhöfe der Landgemeinden vernachlässigt, so daß sich das Endergebnis etwas günstiger stellen dürfte. Es ergibt sich für ein Kind im Mittel 2,04 qm Spiel- und Sportplatz, 1,60 qm Schulhof und 3,64 qm Spielfläche überhaupt. Dies dürfte etwas zu wenig sein.

Die Pflege für die Körperkultur der Kinder ist gerade in dem stark bevölkerten Bezirk des Westens besonders geboten, weil hier ein wesentlich höherer Prozentsatz an Kindern als an anderer Stelle vorhanden ist. Dies zeigt der Vergleich zwischen Tabelle 44 und Tabelle 45. Während in unserem Bezirk 1905 der kleinste Prozentsatz von Kindern bis zu 14 Jahren in Elberfeld 31,05 % und in Hamborn 39,50 % der Ortsbevölkerung beträgt, ist er in Potsdam nur 21,36, in Berlin 23,10 und in Wiesbaden 24,30 %.

Die größten Schulplätze hat Duisburg. Auf ein Kind entfallen hier 6,65 qm, Oberhausen, Hamborn und Mülheim haben zwischen 4,85 und 4,19 qm, Düsseldorf, Elberfeld und Essen zwischen 3,88 und 3,32 qm, Barmen nur 2,18 qm pro Kind. Barmen steht auch mit den Spielplatzflächen überhaupt mit Hamborn an letzter Stelle, Düsseldorf mit seinen Sportplatzflächen dagegen bei weitem an erster Stelle. Es hat 86 Hektar Spiel- und Sportplatzflächen neben 21 Hektar Schulplatzflächen. Während die an zweiter Stelle stehende Stadt Essen erst 26 Hektar Sportplatzflächen und 18 Hektar Schulhöfe hat. Die Verteilung der Sportflächen ist nicht überall günstig. Im Osten und Westen von Oberhausen fehlen sie vollkommen. Mülheim hat außer den vorgeschriebenen Schulplätzen nur einen einzigen Sportplatz auf dem Kahlenberg.

Das Ergebnis der Betrachtung ist, daß die Schulhofflächen durchgängig in den Stadterweiterungen größer angenommen werden müssen, dann, daß vor allem die Städte Hamborn, Barmen, Mülheim, Elberfeld, Oberhausen, Duisburg und Essen für mehr und besser im Stadtgebiet verteilte Sportplatzflächen Sorge tragen müssen.

Wanderwege. Die bestehenden Wanderwege sind auf Blatt 21 angegeben, so, wie sie die Gemeinden auf Plänen geliefert haben. Die Darstellung ist selbstverständlich noch nicht einwandfrei, denn der Begriff Wanderweg ist ebenso relativ aufzufassen, wie der Begriff der Allee oder des murmelnden Baches, der ein silberner Forellenbach und eine das Massenauftreten des Menschen dokumentierende Emscher sein kann, auf dessen grüngelbbraunem Spiegel melancholische Weidenbäume von dem endgültigen Erfolge der Emschergenossenschaft träumen. In diesem Sinne werden die an der Südgrenze von Oberhausen angegebenen Wanderwege etwas anders zu nehmen sein, als etwa diejenigen durch das Wolfsbachtal südlich Essens oder durch das Neandertal.

Die Prüfung der Frage der Wanderwege und ihre notwendige Ergänzung kann erst erfolgen, wenn die Grünflächen verteilt sind. Inzwischen wird jede Gemeinde dieser Aufgabe in ihren Spezial-Bebauungsplänen besondere Aufmerksamkeit widmen müssen.

Eisenbahnen. Wir sind gewohnt, daß in unserem Staatsleben jede Spezialbehörde nur ihre Interessen verfolgt. Streng konservativ, unter dem Daumendrucke eines Finanzministeriums, kümmert sie sich um die Interessen anderer Behörden und Korporationen erst dann, wenn diese es verstehen, möglichst deutlich, zähe, nachdrücklich und an angebrachter Stelle sich Geltung zu verschaffen. So wissen wir, daß insbesondere die Staatsbahnverwaltung die Bedürfnisse der Bahnhofsentwürfe in der Regel nicht über ihre weißen Grenzsteine hinaus sucht und der Anerkennung und Durchführung neuer Linien erst ein jahrelanger unermüdlicher Ansturm vorausgehen muß, wie z. B. der Linie Osterfeld-Hamm. Wir wissen, daß es den Klagen wegen des chronischen Wagenmangels, der die Kohlenindustrie zwingt, unter Vergeudung von Arbeitslohn und Materialverschlechterung die Produktionskosten unnötig zu erhöhen, dämpfend entgegenklingt: Richtet Eure Produktion nach den vorhandenen Wagen! Jede Forderung auf Verbesserung des Vorortverkehrs der Großstädte wird niedergeschmettert mit der Erklärung: „Nach den Erfahrungen, daß der Berliner Vorortverkehr sich nicht rentiert, muß es der Herr Minister grundsätzlich ablehnen, weiteren Städten einen Vorortverkehr zu geben oder ihn zu verbessern". In einem Falle wird der durchaus nicht kaufmännische Gesichtspunkt, im anderen Falle der sehr kaufmännische Gesichtspunkt angewandt, der einen nicht rentierenden Artikel ausscheidet, ohne zu bedenken, daß durch das Staatsmonopol auch die Verpflichtung auferlegt wird, rentable und unrentable Unternehmungen durcheinander zu rechnen und ruhig zuzugeben, daß die enormen Überschüsse des Güterverkehrs dem Personenverkehr in jeder Form zugute kommen sollten.

Wir sahen bereits, daß das Provinzialstraßennetz, das früher vollkommen seinen Zweck erfüllte, jetzt durchaus unzureichend ist, aus dem einfachen Grunde, weil es seine eigene Entstehungsgeschichte hatte und nicht vorausblickend dem jetzigen Städtekonglomerat angepaßt werden konnte.

Das Gleiche gilt für die Staatsbahnlinien des Bezirkes. Ihr engmaschiges Netz verdankt keinem einheitlichen übersichtlichen Gedanken sein Dasein. Privatgesellschaften ließen es zum Teil als Konkurrenzunternehmungen entstehen, und seine Entwicklungsgeschichte ist ein Konglomerat von Petitionen, Enttäuschungen, Gründungen, Verlusten, woraus schließlich nach erfolgter Verstaatlichung das solide durch den enormen Güterverkehr rentierende Unternehmen sich bildete.

Es erscheint zweckmäßig, einen kurzen Rückblick auf die Entwicklung des Netzes der heutigen Staatsbahnlinien zu werfen, weil daraus das Verständnis reift, daß ein in dieser Weise entstandenes Bahnnetz die modernen Bedürfnisse nicht in der wünschenswerten Weise befriedigen kann.

Im Gebiete der Textilindustrie fanden sich, als erste Städte Preussens, Elberfeld und Barmen, wo der Gedanke an den Eisenbahnbau wachgerufen wurde, angeregt durch den bekannten westfälischen Volksmann Harkort in Wetter, der schon im Jahre 1825 die Wichtigkeit einer Bahn zwischen Elberfeld und Düsseldorf, der Hafenstadt des bergischen Landes am Rhein, überzeugend darzustellen suchte. Er hatte die Anregung zu diesem Plane von einer Englandreise mitgebracht. Aber genau wie heute erregte dieser Gedanke Mißtrauen wegen der Neuheit des Unternehmens, wegen der Vernichtung der bisherigen Transportindustrie, und der Neid der Nachbarstädte ließ es ermöglichen, daß erst im Jahre 1847, als die Eisenbahnen direkt greifbare Erfolge aufweisen konnten, zunächst die Linie Elberfeld-Schwelm und nach einem Jahrzehnt die Linie Elberfeld-Düsseldorf zum Anschluß der Wupperstädte an die seit 1848 Düsseldorf berührende Köln-Mindener Bahn in Betrieb gesetzt werden konnte.

Gleichzeitig beschäftigte man sich mit der Schienenverbindung zwischen den Wupperstädten und der Ruhr, um eine möglichst billige Kohlenzufuhr zu erreichen. Der von Harkort getragene Entwurf einer Kohlenbahn Überruhr-Elberfeld erhielt vor dem Projekte der Barmer, das eine Linie nach Hardenstein am linken Ruhrufer bei Witten schaffen wollte, den Vorzug, einmal wegen der geringeren Geländeschwierigkeiten, sodann weil die sogenannte Prinz-Wilhelm-Bahn von Überruhr nach Nierenhof bereits seit Jahrzehnten für den Pferdebetrieb eingerichtet war und sich als rentabel erwiesen hatte. Diese Bahn wurde 1863 eröffnet.

Inzwischen traten neue Verkehrsbeziehungen ein nach der Stadt Cöln, gefördert durch die Konkurrenzschikanen beim Übergang zwischen den Bahnhöfen in Düsseldorf. Deshalb bildete sich die Bergisch-Märkische Eisenbahngesellschaft in Elberfeld im Jahre 1843, welche 1850 unter staatliche Verwaltung gesetzt wurde. Sie baute eine Eisenbahn von den Wupperstädten über Opladen nach Deutz und Cöln nebst einer Abzweigung zur Erschließung des Solinger Industriebezirks. Im Jahre 1868 war die ganze Strecke betriebsfertig. Nach Verstaatlichung der Eisenbahn im Jahre 1882 wurde neben dem Güterverkehr der Lokalverkehr für Personen eingeführt, und so erfuhr das Bergisch-Märkische Bahnnetz die notwendigen Ergänzungen durch die Strecken Oberbarmen-Hattingen 1884, Aprath-Wülfrath 1886, Wülfrath-Velbert 1888, Oberbarmen-Barmen-Rittershausen 1890 und Wülfrath-Ratingen 1903. Dieses Spezialbahnnetz diente also im wesentlichen dem Interesse der Wupperstädte.

Im Ruhrkohlenrevier fällt der Beginn des Eisenbahnverkehrs in das Jahr 1848. In diesem Jahre wurde die mit staatlicher Unterstützung gebaute Cöln-Mindener Bahn eröffnet. Für diesen Schienenweg wurde die Trasse von Duisburg über Oberhausen, Altenessen, Herne nach Dortmund gewählt. Der Wahl dieser Linienführung ging ein scharfer Streit zuvor, da sich der Zweck der Bahn, der darin bestand, zwischen dem Rhein und der Weser eine Verbindung herzustellen, unter Berührung verschiedener Gegenden erfüllen ließ. Die Wupperstädte wünschten den Ausbau der Bahn über Hagen-Elberfeld nach Cöln, die nördliche Bevölkerungsgruppe durch das Emschertal und die Rheinebene über Duisburg und Düsseldorf. Die nördliche Linie trug den Sieg davon, weil sie bei wesentlich geringeren Terrainschwierigkeiten als in dem bergischen Land zur Durchführung gebracht werden konnte.

Es entbrannte dann noch ein Spezialstreitfall in dem nördlichen Bezirk, wobei, wie es heute noch der Fall ist, die nördliche Städtelinie Oberhausen über Altenessen, Gelsenkirchen nach Dortmund gegen die südlich verlaufende Städtelinie Mülheim—Essen—Wattenscheid—Bochum die Verkehrsvorteile für sich haben wollte.

Um dies Ziel zu erreichen, stellte die Stadt Essen unentgeltlich ihre Segerothwiesen zur Bahnanlage zur Verfügung und ließ auch auf ihre Kosten ein Konkurrenzprojekt vermessen. Interessant ist die Geschichte des Kostenaufwandes für dieses Konkurrenzprojekt. Zunächst beanstandete die Königliche Regierung in Düsseldorf den Beschluß des Stadtrats, nach dem die Kosten für die Nivellierung auf die Stadtkasse übernommen werden sollten. Der Beschwerdeweg wurde vom Ministerium und endlich sogar durch Kabinettsordre des Königs abgewiesen. Es handelt sich dabei um 171 Taler 5 Silbergroschen Nivellierungskosten, 148 Taler 25 Silbergroschen Reisekosten und 8 Taler 7 Silbergroschen Portokosten. Alle Bemühungen der genannten Städte, die Linie für sich zu gewinnen, waren aussichtslos, indem sich die Königliche Regierung auf seiten der Bahngesellschaft stellte, und 1845 entschied das Ministerium die endgültige Ablehnung der von den südlichen Städten beantragten Linie, und die ursprünglich beabsichtigte Richtung durch das Emschertal wurde beibehalten. Diese aktenmäßige Feststellung räumt mit dem Märchen auf, daß seinerzeit die Kurzsichtigkeit der Städte im südlichen Teil des Bezirkes die Bahnlinie von sich abgewiesen hätte.

Am 15. Mai 1847 wurde die Cöln-Mindener Bahn bis Hamm in Betrieb gesetzt. Sie streckte viele Anschlußbahnen aus und hob dadurch die Kohlenförderung wesentlich, weil man nicht mehr auf die Anfuhr der Kohlen durch das Fuhrwerk über unvollkommene Landstraßen und auf die Ruhrschiffahrt als einzige Transportmittel angewiesen war.

Die durch die Bergisch-Märkische Eisenbahngesellschaft im Jahre 1862 eröffnete Bahn von Dortmund und Witten nach Duisburg und Oberhausen erschloß die Kohlenfelder an der Ruhr in ihrer ganzen Länge von Osten nach Westen und schuf abzweigende Wege von Duisburg nach Holland, im Anschluß an die Cöln-Mindener Bahn in Oberhausen, über Witten einerseits nach den Industrietälern der Vollme, Ennepe und dem Wuppertal, andererseits durch die Ruhr-Sieg-Bahn nach dem Eisenbezirk des Sieger Landes, sowie endlich von Steele aus durch den Anschluß an die Prinz-Wilhelm-Bahn nach Solingen, Elberfeld und Düsseldorf. Diese Linien waren bald alle rentabel, in Wechselwirkung entwickelte sich die Montan- und Eisenindustrie zwischen Ruhr und Emscher und erzeugte das auf Plananlage 17 dargestellte engmaschige Netz von Verkehrswegen, das die einzelnen Zechen, Eisen- und Hüttenwerke mit ihren Anschlüssen versah.

Die Erfolge der Bergisch-Märkischen Bahngesellschaft veranlaßten einige Jahre später die Rheinische Eisenbahngesellschaft, die Konzession zum Betriebe einer Bahn von Osterath über Hochfeld nach Dortmund einzureichen. Diese wurde 1866 zunächst bis Essen Nord, 1867 bis Ückendorf-Wattenscheid und später bis Dortmund in Betrieb gesetzt. Sie erhielt Abzweigungen von Speldorf nach Opladen, von Heißen nach Rellinghausen, Steele, Hattingen, sowie nach Borbeck, Osterfeld.

Die Cöln-Mindener Bahn eröffnete 1871 die Zweiglinie Altenessen-Essen Segeroth und begann bald darauf mit den Vorarbeiten für die Emschertalbahn Herne-Wanne-Horst-Sterkrade.

Auch die Bergisch-Märkische Eisenbahngesellschaft verbesserte mit der sich hebenden Konjunktur der Eisenindustrie ihr Bahnnetz. 1876 wurde die Strecke Essen-Schalke-Herne, 1880 die Strecke Oberhausen-Vogelheim-Caternberg Nord eröffnet, wodurch diese Privatgesellschaft in das industriereiche Emschergebiet vorstieß. In der Nähe der Station Bismarck schloß sich dann die von der Niederländisch-Westfälischen Eisenbahngesellschaft gleichzeitig neu gebaute Linie nach Winterswyk zur Landesgrenze an.

Da die bergisch-märkische Linie im Gegensatz zu der rheinischen und Cöln-Mindener Linie noch keinen selbständigen rechtsrheinischen Anschluß nach Holland besaß, nahm ihre Gesellschaft die Strecke Bismarck-Winterswyk in Pacht. Die drei Gesellschaften bekämpften sich auf das Schärfste, im Betriebe ebenso wie in der Linienführung. Da jede von ihnen Hauptplätze der Industrie und der größeren Kohlenzechen besaß, hatten sie das Bestreben, die Transporte möglichst lang auf eigener Linie zu befördern und sie tunlichst erst an der äußersten Grenze des Reviers an die Nachbarbahn abzugeben. Diese Bestrebungen waren der Industrie wenig förderlich und fanden erfreulicherweise bei der Verstaatlichung der Bahn 1882 ihr Ende.

Tabelle 44.

Die Entwickelung des Eisenbahnverkehrs im bergischen Lande und Ruhrkohlen-Revier.

Laufende Nr.	Datum der Betriebseröffnung	Datum der Genehmigung	Strecke	Gesellschaft	Länge in km	Zusammen km	Bemerkungen
1	15. V. 47	18. XII. 43	Duisburg–Altenessen–Hamm	C.-M.	87,5		Schnellzugsstrecke
2	9. X. 47	12. VII. 44	Elberfeld–Schwelm	B.-M.	10,4	97,9	,,
3	1. VII. 56	1. IX. 53	Oberhausen–Dinslaken	C.-M.	14,0		,,
4	20. X. 56	1. IX. 53	Dinslaken–Wesel	C.-M.	12,6		,,
5	1. I. 57	23. IX. 37	Elberfeld–Düsseldorf	B.-M.	26,4	53,0	,,
6	26. X. 60	21. VI. 58	Witten-West–Bochum-Süd	B.-M.	12,1		,,
7	1. III. 62	21. VI. 58	Bochum-Süd–Oberhausen	B.-M.	32,4		,,
8	1. V. 62	21. VI. 58	Mülheim (Ruhr)–Duisburg–Hochfeld	B.-M.	11,8		,,
9	1. I. 63	2. V. 45	Steele–Vohwinkel	B.-M.	33,7		,,
10	1. VI. 63	16. II. 63	Steele–Königssteele (Steele-Nord)	B.-M.			,,
11	15. XI. 64	21. X. 63	Meiderich–Oberhausen (Umgangsbahn)	C.-M.	5,3		
12	15. XI. 64	21. X. 63	Oberhausen–Ruhrort (Umgangsbahn)	C.-M.	4,2		Dient nur dem Güterverkehr
13	23.VIII.66.G.V.*) 1.IX.66. P.V.†)	9. III. 63	Hochfeld–Essen-Nord	Rh.	20,2		*) G. V. = Güterverkehr. †) P. V. = Personenverkehr.
14	25. IX. 67	4. IX. 64	Haan–Opladen	B.-M.	23,0		Schnellzugsstrecke
15	1. X. 67	21. VI. 58	Rheinufer-(Hochfeld-)bahn zu Duisburg	B.-M.	1,3		Dient nur dem Güterverkehr
16	2. XI. 67	9. I. 65	Styrum–Ruhrort	B.-M.	9,5		
17	15.XII.67. G.V. 1. I. 68. P. V.	28. V. 66	Essen–Ückendorf–Wattenscheid	Rh.	9,1		
18	1. IX. 68	9. I. 65	B.-Rittershausen–Ronsdorf–Remscheid	B.-M.	17,4		Schnellzugsstrecke
19	3. XI. 69	11. XI. 68	Gelsenkirchen–Ückdf.-Wscheid.-Wanne	B.-M.	10,0		Dient nur dem Güterverkehr
20	28. XII.69	1. X. 66	Steele-N.-Dahlhausen–Hattingen–Block Henrichshütte	B.-M.	11,3	201,3	Schnellzugsstrecke zum Teil
21	1. I. 70	28. V. 66	Wanne–Recklinghausen–H.-B.		10,6		
22	28. V. 70	1. X. 56	Bochum-Nord–Herne-Güterbhf.	B.-M.	11,6		Dient nur dem Güterverkehr
23	24. VII. 70	24. IX. 67	Düsseldorf–Neuß	B.-M.	7,5		Schnellzugsstrecke
24	10. X. 70	1. X. 67	Dahlhausen–Laer bei Bochum	B.-M.	9,0		Dient nur dem Güterverkehr
25	7. XI. 71	11. XI. 68	Schalke–Wanne	C.-M.	5,8		
26	1. I. 72	28. V. 66	Altenessen–Essen-Nord (bzw. Segeroth)	C.-M.	3,6		
27	1. II. 72	1. X. 66	Düsseldorf–Werden–Kupferdreh	B.-M.	35,6		Schnellzugsstrecke zum Teil
28	13.II.72. G.V. 1. VI. 72. P. V.	12. X. 70	Kray-Nord–Gelsenkirchen		5,0		
29	1.VIII.72. G.V. 1. VII. 79. P. V.	14. X. 69	Heißen–Borbeck–Frintrop	Rh.	7,2		
30	1.VIII.72. G.V. 1. VII. 79. P. V.	14. X. 69	Heißen–Rüttenscheid	Rh.	5,5		
31	15. XI. 73	11. XI. 68	Sterkrade–Bottrop-Süd–Schalke	C.-M.	18,1		
32	1. I. 74	1. X. 66	Überruhr–Altendorf	B.-M.	5,0		Dient nur dem Güterverkehr
33	27. IV. 74	1. X. 66	Essen-H.-B.–Heßler–Schalke-Nord	B.-M.	18,2		Schnellzugsstrecke zum Teil
34	27. IV. 74. G.V. 10. I. 76. P. V.	15. IX. 71	Altenessen–Stoppenberg	C.-M.	2,1		
35	15. X. 74	21. I. 71	Ückendorf–Wattenscheid–Langendreer–Dortmund-S.	Rh.	26,3		Schnellzugsstrecke zw. Langendreer u. Dortmund-Süd
36	1. XI. 74	25. III. 72	Bochum-Süd–Kray-Süd–Essen-H.-B.	B.-M.	15,4		Schnellzugsstrecke
37	1. VII. 75	11. XI. 68	Ruhrort–Neumühl–Sterkrade	C.-M.	10,3		
38	10. I. 76	18. IX. 71	Schalke-Nord–Unser Fritz–Herne	B.-M.	11,2		Dient zw. Unser Fritz u. Herne nur dem Güterverkehr
39	6. III. 76	1. X. 66	Kettwig–Mintard–Mülheim (Ruhr)	B.-M.	14,6		
40	15. VIII. 77	25. III. 72	Essen–Werden	B.-M.	9,3		Schnellzugsstrecke
41	15. VIII. 77	25. III. 72	Essen-Werden–Frillendorf-(Rang-Bhf.) Verbindungsbahn	B.-M.	0,4		Dient nur dem Güterverkehr
42	15. VI. 78. G.V. 1. VII. 79. P. V.	9. VI. 73	Rüttenscheid–Steele-Süd	Rh.	5,7		
43	1. XII. 78	11. XI. 68	Osterfeld-Süd–Neumühl, Verbindungsb.	C.-M.-	4,9		Dient nur dem Güterverkehr
44	21. I. 79. G.V. 1. VII. 79. P. V.	9. VI. 73	Steele-Süd–Dahlhausen	Rh.	7,1		
45	1. VII. 79	9. VI. 73	Frintrop–Osterfeld-Nord	Rh.	4,1	265,9	
			Zu übertragen .			618,1	

Tabelle 44.

Laufende Nr.	Datum der Betriebseröffnung	Datum der Genehmigung	Strecke	Gesellschaft	Länge in km	Zusammen km	Bemerkungen
				Uebertrag		618,1	
46	1. VII. 79	9. VI. 73	Oberhausen-Kirchhellen-Dorsten	Rh.			Schnellzugsstrecke.
46a	1. VII. 79	9. VI. 73	Duisb.- Oberhaus.-West – Osterf.-S.		11,8	(265,9)	Dient nur dem Güterverkehr
47	21. VI. 80	1. XII. 75	Bismarck–Dorsten	B.-M.*)	38,9		*) Gepachtet v. d. Niederl.-Westf. Eisenbahn-Gesells.
48	1. IX. 80	15. IV. 78	Herne-Güterbhf.–Herne-Staatsbhf.	B.-M.	1,6		Dient nur dem Güterverkehr
49	15. X. 80	23. IV. 80	Duisburg–Block Weddau		4,7		Dient nur dem Güterverkehr
50	15. X. 80	23. IV. 80	Hochfeld–Duisburg–Block Weddau, Verbindungskurve		0,6		,, ,, ,, ,,
51	5. III. 81	4. III. 78	Bottrop-Süd–Frintrop		4,1		,, ,, ,, ,,
52	1. XI. 83	9. VI. 73	Bochum-Nord–Wiemelhausen		3,9		,, ,, ,, ,,
53	1. I. 84	9. VI. 73	Wiemelhausen–Weitmar		1,6		,, ,, ,, ,,
54	20. V. 84		Barmen-Wichlinghausen–Hattingen		22,4		Schnellzugsstrecke
55	15. X. 84		Schalke–Bismarck		7,9		Dient nur dem Güterverkehr
56	15. X. 84. G. V. 1. VI. 90. P. V.	11. VI. 31 VIII 26. XI. 83.	Unser Fritz–Wanne		3,2		
57	3. X. 85	15 V. 82 u. 21 V. 83.	Speldorf–Broich, Verbindungsbahn		1,7		,, ,, ,, ,,
58	1. II. 86		Aprath–Wülfrath		3,7		
59	1. X. 86	21. VI. 58 16. IX. 59.	Bochum-Süd–Wanne		8,1		
60	15. XI. 87		Vohwinkel–Wald		8,9		
61	1. XI. 88		Wülfrath–Velbert		8,5	119,8	
62	3. II. 90		Beyenburg–Langerfeld	Pr.Staat	6,4		Dient teilw. nur d. Güterverk.
63	1. VI. 90		Barmen-Rittersh.–Barm.-Wichlghs. (mit Abzweigung nach Langerfeld)	,, ,,	3,2		Schnellzugsstrecke zum Teil (Abzw. Langerfeld nur G.-V.)
64	1. IV. 91		Elberfeld-Steinbeck–Cronenberg	,, ,,	10,6		
65	1. V. 95	8. V. 94	Güterbahn südl. v. Heißen-Essen.-N	,, ,,	1,2		Dient nur dem Güterverkehr
66	1. X. 95	25. IV. 93	Osterfeld-S.–Vogelh.–Caternberg-N.	,, ,,	11,0		,, ,, ,, ,,
67	1. X. 95	25. IV. 93	Frintrop–Osterfeld-Süd–Vogelheim, Verbindungsbahn	,, ,,	1,0		,, ,, ,, ,,
68	1. X. 95		Düsseldorf-Bilk–Düsseldorf(-Hafen)	,, ,,	2,6		,, ,, ,, ,,
69	1. XII. 95	10. V. 90	Riemke–Herne-Güterbhf.–Wanne	,, ,,	3,6		,, ,, ,, ,,
70	1. III. 96		Vohwinkel–Elberfeld-Varresbeck	,, ,,	3,1		
71	1. IV. 96	8. V. 94	Güterb. nördl. v. Heißen-Essen-N.	,, ,,	0,9		,, ,, ,, ,,
72	1. IV. 97	1. V. 94	Heßler–Schalke-S.–Gelsenkirchen	,, ,,	3,6		Schnellzugsstrecke
73	3. I. 98	17. V. 97	Vogelheim–Altenessen-Rh.	,, ,,	2,3	49,5	Dient nur dem Güterverkehr
74	1. VII.1900	1898/99	Bismarck–Horst-Nord	,, ,,	6,7		,, ,, ,, ,,
75	20. VIII. 1900	1898/99	Carnap–Horst-Nord	,, ,,	2,0		,, ,, ,, ,,
76	12. IX. 01	1898/99	Schalke-Süd–Rotthausen	,, ,,	2,0		,, ,, ,, ,,
77	1. X. 01	1898/99	Horst-Nord–Osterfeld-Süd	,, ,,	10,6		,, ,, ,, ,,
78	1. X. 01	1899	Umgangsbahn Block Düssern–Weddau nebst Abzw. n. Hochfeld	,, ,,	6,5		,, ,, ,, ,,
79	1. X. 01	1899	Recklinghausen-Süd–Herne-Güterbahnhof, Verbindungsbahn	,, ,,	2,3		,, ,, ,, ,,
80	1. V. 02		Rath–Düsseldorf-Grafenberg	,, ,,	3,2		
81	28. V. 03		Wülfrath–Ratingen-West	,, ,,	17,2		
82	1. VII. 03		Düsseldorf-Grafenberg–Düsseldorf-Lierenfeld	,, ,,	3,2		,, ,, ,, ,,
83	11. IV. 04	1901	Oberhausen-West–Meiderich, Verbindungsbahn	,, ,,	3,6		,, ,, ,, ,,
84	1. V. 05	25. V. 1900	Bottrop–Buer-N.–Recklingh.-H.-B.	,, ,,	28,2		
85	1. V. 05	18. V. 01	Gladbeck-West–Block Zweckel, Verbindungsbahn	,, ,,	1,6		,, ,, ,, ,,
86	1. V. 05	9. IV. 03	Essen-H.-B.–Kray-Nord	,, ,,	5,5		
87	15. V. 09	29. V. 07	Oberhausen-West–Sterkrade	,, ,,	2,3	94,9	,, ,, ,, ,,
88	25. III. 12	15. VI. 06	Oberhausen-West–Essen-West	,, ,,	14,3		,, ,, ,, ,,
89	25. III. 12	15. VI. 06	Borbeck–Essen-Altendorf	,, ,,	2,0	16,3	,, ,, ,, ,,
				Zusammen .		898,6	ohne Strecke Lfde. Nr. 46.

Einen Überblick über die Entstehung der Bahnlinien nach Gründer, Genehmigung und Eröffnungstermin, sowie Bedeutung der Strecke gibt Tabelle 44. Auf Blatt 16 sind die Bahnlinien ersichtlich.

Der gesamte Bahnbetrieb wurde von der Eisenbahndirektion Elberfeld aus geleitet. Dann wurden im Norden des sich immer stärker ausbildenden Bezirkes neue Betriebsämter eingerichtet, und notgedrungen mußte im Jahre 1890 der nördliche Bezirk von Elberfeld abgezweigt und als Eisenbahndirektion Essen neu eingerichtet werden.

Das heute bestehende Bahnnetz interessiert uns unter Berücksichtigung der drei Siedelungsgruppen. Sie haben entsprechend ihrer Lage ganz verschiedene Bedürfnisse an Bahnlinien.

Düsseldorf, die Einzelstadt, hat ihre nach allen Seiten ausstrahlenden Linien. Es ist mit den Wupperstädten durch zwei sich in Gerresheim teilende Strecken verbunden. Die nördliche geht über Mettmann, die südliche über Gruiten. Nach dem Ruhrbezirk führen drei Linien, die eine über Großenbaum direkt nach Duisburg, die andere über Weddau nach Mülheim-Essen Nord mit Abzweig in Weddau nach Duisburg-Oberhausen West, die dritte über Werden mit Gabelung nach Essen und Kupferdreh-Steele.

Das im Tale sich hinziehende Band der Wupperstädte ist mit entsprechend laufenden Bahnlinien versehen, und die tätige Direktion Elberfeld weiß den Interessen der Gemeinden gerecht zu werden. Nur fehlt die gute Verbindung mit dem nördlichen Bezirk.

Anders ist es mit dem Liniengewirre der Vollbahnen des Ruhr-Emscher-Bezirkes bestellt. Der Entstehungsgeschichte entsprechend, sehen wir hier ein Liniennetz vor uns, mit dessen Engmaschigkeit kein anderer Teil des preußisch-hessischen Eisenbahnnetzes konkurrieren kann. Charakteristisch sind in ihm die Ostwestlinien, welche Dortmund und Duisburg als Ausgangspunkte haben: einmal die Hauptlinie Dortmund—Bochum—Essen H.-B.—Heißen—Mülheim—Duisburg. Sie besitzt zwischen Bochum und Heißen zwei Parallel-Linien, eine nördliche über Gelsenkirchen—Wattenscheid, Essen Nord nach Heißen und eine südliche über Höntrop, Steele, Rellinghausen, Rüttenscheid nach Heißen.

Daneben besteht die nördliche Ost-West-Hauptlinie Dortmund—Herne—Gelsenkirchen H.-B.—Altenessen—Oberhausen—Duisburg.

Außer diesen sind noch weitere Ost-Westlinien vorhanden: von Osterfeld ausgehend die Linie Osterfeld—Karnap—Horst—Schalke—Wanne, südlich davon die beiden von Osterfeld und Frintrop ausgehenden, sich bei Block Horl vereinigenden Linien, welche über Vogelheim, Caternberg N., Gelsenkirchen, Bismarck, Herne läuft und nördlich davon die Linie Osterfeld-Hugo. Alle diese Ost-Westlinien haben Verbindungskurven bei Bochum, Gelsenkirchen, Essen, Mülheim und Duisburg, und gerade diese machen das Liniennetz und seine Benutzung so schwierig und unübersichtlich.

Es fehlt den Städtegruppen die charakteristische Hauptbahnhofsanlage für Güter und Personen mit geeignet gelegenen Verschiebe- und Sammelbahnhöfen. Die Hauptbahnhöfe sind überall zu klein, sie können aus den noch leistungsfähigen Strecken die von dem Verkehr verlangte Zugfolge nicht aufnehmen. Die Bahnverwaltung sucht den sich gegenüberstehenden Wünschen der Nord- und Südlinie gerecht zu werden, indem sie die Züge in Dortmund und Duisburg teilt, eine Maßnahme, welche dem Durchgangsverkehr lästig ist.

Das Bahnnetz des engeren Bezirkes ist hiernach noch sehr verbesserungsbedürftig. Diese Verbesserungen müssen nach einheitlichem Plane projektiert werden, wobei, wie bei dem Generalsiedelungsplan, versucht werden muß, alle Interessen in gemeinsame und spezielle zu teilen. Diese Arbeit kann ohne Hilfe der Eisenbahnverwaltung nicht geleistet werden, weil hier betriebstechnische Anforderungen maßgebend sind.

Wie brennend die Frage geworden ist, beweist das Projekt der auf Blatt 16 ersichtlichen Städtebahn, mit welchem die Städte Abhilfe schaffen wollten. Das Projekt wurde von dem Inhaber des Bahnmonopols abgelehnt, der in Preußen die Sonderstellung der Partei und des Richters gleichzeitig hat. Hierbei wurden Verbesserungen in dem bestehenden Bahnnetze zugesagt, und nun besteht das Wetteifern der Städte um Erhaschen des größten Vorteils aus diesem Versprechen.

Jedenfalls sind Ergänzungslinien notwendig, nachdem die Bahnhofsanlagen selbst leistungsfähig gestaltet worden sind. Diese Ergänzungslinien müssen hauptsächlich die Nord-Südrichtung haben. Insbesondere fehlt jede Verbindung von Südost nach Nordwest, etwa Elberfeld-Holland, welche gleichzeitig die Verbindung zwischen den Wupperstädten und dem Herzen des Industriebezirkes schafft, die jetzt nur auf großen Umwegen in schlechter Verkehrsfolge vorhanden ist.

Die Verbindung der Ruhr-Emscherstädte nach Norden wird zurzeit durch drei Hauptlinien gegeben. Im Osten die Linie Oberhausen-Wesel, dann die Linie mit großem Umwege Essen H.-B.—Gelsenkirchen-Bismarck—Gladbeck—Winterswyk. Diese Linie bedarf dringend besserer Verbindungen mit Essen, und zwar, wie aus dem Übersichtsplan Blatt 15 ersichtlich ist, eine westliche, welche durch die Verbindungskurven Borbeck-Bottrop geschaffen werden kann, und eine östliche über Caternberg—Buer Süd. Die erste Verbindungskurve ist nur 3 km lang und kostet jetzt etwa 3 Millionen, weil die Bebauung immer mehr fortschreitet: ein Zeichen, wie eng die Frage des Siedelungsplanes mit der Frage der Bahnlinien zusammenhängt. Die dritte Verbindungslinie mit dem Norden ist diejenige über Gelsenkirchen—Recklinghausen—Münster. Sie liegt außerhalb des Arbeitsgebietes.

Die Verbesserungen des Verkehrs zwischen dem bergischen Lande über Essen kann mit geringen Kosten durch eine kurze Verbindungskurve in Steele wesentlich verbessert werden.

Die vorgeschlagenen Verbindungskurven werden die Mängel der bestehenden Bahnlinien nicht beheben können, und es muß immer aufs neue versucht werden, einen Gesamtentwurf für die Verbesserung des Eisenbahnwesens in dem Ruhr-Emscher-Bezirke zu erreichen. Hierbei ist die vollständige Trennung des Güterverkehrs von dem Personenverkehr, soweit nicht der Eilgutverkehr in Frage kommt, in Betracht zu ziehen. Die für diesen Entwurf erforderlichen Unterlagen und ihre Bearbeitung bildet eine Spezialaufgabe zu großen Umfanges, als daß sie im Rahmen dieser Arbeit erledigt werden könnte. Erwünscht ist jedenfalls, bei Siedelungsplänen schon jetzt darauf Rücksicht zu nehmen, daß die für die Verbindungskurven als notwendig bezeichneten Stellen von Bebauungsplänen und der Bebauung möglichst frei gehalten werden. Für die weitere Zukunft ist dann zu erwägen, in welcher Weise der Verkehr zwischen den Großgrünflächen und den Konzentrationspunkten der Bevölkerung und der Verkehr zwischen diesen Konzentrationspunkten durch Bahnen verbessert werden kann.

Daß die Bahnlinien des engeren Industriebezirkes ein gewisses Anrecht haben, eine besondere Berücksichtigung in dem gesamten Staatsbahnnetz zu finden, geht aus folgenden Daten hervor: Die Gesamtlänge der das Kohlenrevier durchziehenden Eisenbahnen entspricht etwa der Entfernung von Berlin nach Petersburg. Das rheinisch-westfälische Industriegebiet umfaßt etwa ein Fünfzigstel des Reichsgebietes, besitzt aber nach Glasers Annalen nahezu ein Achtzehntel der Gesamtbevölkerung und ist an dem deutschen Eisenbahnverkehr mit fast einem Viertel beteiligt. Der Anteil der Wagengestellung des Eisenbahndirektionsbezirks Essen an der Gesamtwagengestellung der preußisch-hessischen Eisenbahn betrug im Oktober 1902 fast ein Drittel.

Entsprechend diesen Daten sind auch die Einnahmen in dem Bezirke ganz außerordentlich hohe, woraus die Berechtigung resultiert, daß vorweg in diesem Bezirke wieder besondere Ausgaben nutzbringend festgelegt werden.

Das engmaschige Netz der Vollbahnen des nördlichen Industriebezirkes ließ bisher außer denjenigen Kleinbahnen, welche den Charakter der Straßenbahnen tragen und fast lediglich dem Personenverkehr als Zubringer zu dem Hauptbahnnetze dienen, keine nebenbahnähnlichen Kleinbahnen aufkommen. Nur an dem Rande des Netzes wurden solche projektiert.

Die im Jahre 1905 eröffnete Linie Osterfeld-Hamm, welche die nördlichen Kohlenzechen des Bezirkes erschließen sollte, wurde ursprünglich als nebenbahnähnliche Kleinbahn projektiert, aber sofort als Vollbahn ausgebaut, und neuerdings wird beabsichtigt, das zweite Vollbahngleise neben das erste zu legen. Die nebenbahnähnlichen Kleinbahnen dienen hauptsächlich den Zwecken der Landwirtschaft und der Kleinindustrie, um im Anschluß an das Hauptbahnnetz, also ganz bestimmten Zwecken zu dienen. Zurzeit ist ein derartiges Bahnunternehmen im Landkreise Düsseldorf südlich von Duisburg in Bearbeitung. Es wäre erwünscht, daß sich dieses Projekt den Maßnahmen des Gesamtplanes unterordnete, und insbesondere, daß es im Einvernehmen mit den Plänen der benachbarten Großstadt Duisburg durchgeführt würde.

Der Rhein-Herne-Kanal wird im weiteren nebenbahnähnliche Kleinbahnen für alle Städte und Großbetriebe notwendig machen, die sich nicht unmittelbar in seiner Nähe befinden, wobei natürlich Voraussetzung ist, daß die Tariffrage eine entsprechende Regelung erfährt und die Unternehmung der Wasserstraßen von der Unternehmung der Eisenbahnstraßen nicht als feindlich betrachtet wird.

Blatt 25

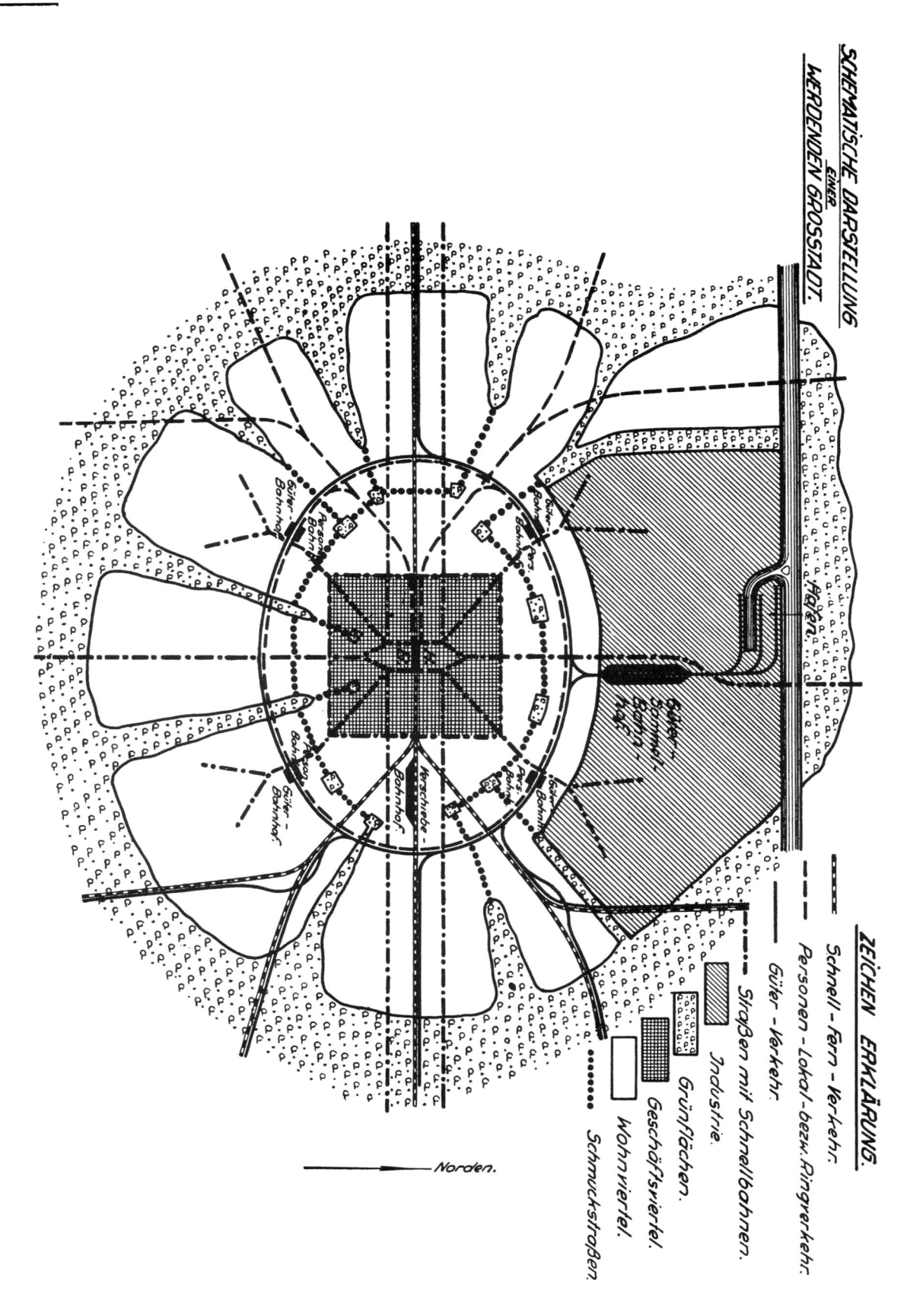

SCHEMATISCHE DARSTELLUNG EINER WERDENDEN GROSSTADT.

ZEICHEN ERKLÄRUNG.

- —·—·— Schnell-Fern-Verkehr.
- – – – Personen-Lokal- bezw. Ringverkehr.
- ——— Güter-Verkehr.
- ········ Straßen mit Schnellbahnen.
- ▨ Industrie.
- ▦ Grünflächen.
- ▭ Geschäftsviertel.
- ▯ Wohnviertel.
- •••••• Schmuckstraßen.

→ Norden.

Im Jahre 1908 hatte der Eisenbahndirektionsbezirk Essen folgende Nebenbahnen: Huckarde-Mengede, Langendreer Nord-Löttringhausen, Duisburg-Hochfeld, Heißen-Steele-Altendorf, Bochum Nord-Weitmar, Unna-Königsborn-Kamen, Hafen- und Werftbahn bei Wesel.

Die Straßenbahnen des Bezirks sind ebenfalls dadurch charakterisiert, daß eine Reihe von Einzelnetzen streng nach dem örtlichen Bedürfnisse entstanden sind, die nur durch einzelne Strecken eine Verbindung haben. Düsseldorf und die Wupperstädte sind über Benrath-Hilden miteinander verbunden, Düsseldorf und Duisburg über Kaiserswerth. Die Duisburger Straßenbahn steht mit der Mülheimer über Speldorf in Verbindung, und erst neuerdings wird das Band zwischen der Mülheimer und Essener Straßenbahn über die Kruppstraße und Mülheimer Straße hergestellt. Das Oberhausener Straßenbahnnetz ist bereits mit dem Essener Straßenbahnnetz verbunden. Das Straßenbahnnetz des bergischen Landes hat lediglich die eine Verbindung über Neviges, Kupferdreh, Steele nach Essen und Kray. Eine direkte Verbindung über Barmen fehlt also.

Straßenbahnen.

Die Straßenbahn läuft fast durchweg auf zu schmalen Straßen, und es wäre erwünscht, überall zu versuchen, die oben unter Verkehrsstraßen erwähnten Gesichtspunkte auf sie anzuwenden und durchzuführen.

Die erste Straßenbahn wurde 1887 in Duisburg von der Allgemeinen Lokalstraßenbahngesellschaft gebaut. Dann folgte 1892 die Kreis-Ruhrorter Straßenbahn-Aktiengesellschaft, 1893 die Süddeutsche Eisenbahngesellschaft in Essen, 1897 die Oberhausener Städtische Straßenbahn und die Mülheimer Straßenbahn, 1899 die Düsseldorf-Duisburger Kleinbahngesellschaft, G. m. b. H., mit einer Linie über Kaiserswerth, 1900 die Straßenbahn Meiderich-Neumühl-Dinslaken-Walsum durch die Kontinentale Eisenbahn- und Betriebsgesellschaft Berlin, 1907 die Brückengesellschaft in Ruhrort.

Diese Straßenbahnen hatten im Jahre 1907 zusammen eine Streckenlänge von 287,1 km, die mit einem Anlagekapitale von 45 100 876 Mk. hergestellt wurden. In dem gleichen Jahre betrug die gesamte Personenbeförderung 62 769 646, wobei die Einnahme pro Person zwischen 11,33 und 11,83 Pfg., die Einnahme pro Wagen-Kilometer zwischen 29,89 und 47,4 Pfg. schwankt.

Das auf Blatt 16 dargestellte Straßenbahnnetz genügt fast nirgend in vollkommener Weise dem erforderlichen Verkehrsbedürfnis, und man sieht überall Bestrebungen im gange, die Mängel und Mißstände zu beseitigen. Erwünscht wäre zweifellos, die Interessengemeinschaft in den einzelnen Siedelungsbezirken möglichst anzustreben, um die Unstimmigkeiten in der Linienführung und in dem Betriebe selbst möglichst zu vermeiden. Neue Linien müssen eingefügt werden zur Verbindung der Arbeitszentren, Wohnviertel und Großgrünflächen. Die anzustrebende Linienführung ergibt sich im wesentlichen aus den bereits besprochenen Hauptverkehrsstraßen. Insbesondere ist für Duisburg zu erwähnen, daß zwischen dem Stadtteile Hochfeld, dem Hauptwohnviertel der Arbeiter, und dem Stadtwalde die unmittelbare Verbindung ohne Berührung der Altstadt fehlt. Eine derartige Straßenbahnverbindung müßte unbedingt geschaffen werden.

Ähnlich wie die planmäßige Anlage von Grünflächen für einen Stadtorganismus auf Blatt 19 zur Darstellung gebracht ist, erscheint es jetzt erwünscht, ein Schema zu geben für die Bahnanlagen innerhalb des Stadtorganismus. Ein derartiges Schema ist auf Blatt 25 zur Darstellung gebracht.

Schema der werdenden Großstadt.

Der Hauptpersonenbahnhof befindet sich in dem Mittelpunkt der gesamten Siedelung. Durch ihn hindurch geht eine von Osten nach Westen verlaufende Strecke, die, sobald es möglich wird, nach Nord-Osten, Süd-Osten, Nord-Westen und Süd-Westen Abzweigungen besitzt, so daß von allen Windrichtungen her durch weitere Unterabzweige die Schnellzüge in den Hauptbahnhof eingeführt werden können.

Vollkommen getrennt von diesen Personen-Vollbahnlinien ist die Güterbahn. Diese normalspurige Güterbahn hängt mit dem Bahnkörper der Personenhauptbahn an geeigneten Stellen zusammen, wobei jedoch der Grundsatz gilt, daß die Gleise beider Anlagen solange wie irgend möglich unabhängig von einander betrieben werden können. Die Güterbahn hat im übrigen generell folgende Führung: Sie steht an dem einen Ende in Verbindung mit der Hafenanlage des Wasserweges, besitzt dort auch einen Hauptgüterbahnhof, von dem wieder die Anschlüsse zum Wasserwege und zu den Industrie- und Wohnvierteln hingehen. Diese Güterbahn berührt im ringförmigen Verlaufe alle Stadtteile, von denen jeder an geeigneter Stelle für den Freiladeverkehr einen Nebengüterbahnhof erhält, der bei kürzester Transportlänge alle Massenbedürfnisse für den Stadtteil auf den Straßen befriedigen kann und auch für die Anlage der Zentralmarkthalle der geeignete Ort ist.

Hinzu kommt jetzt noch ein drittes Bahnnetz, die Straßenbahn, die an geeigneter Stelle den Charakter der Schnellbahn annimmt. Die Hauptlinien dieses Netzes berühren im wesentlichen alle den Hauptpersonenbahnhof, von dem aus sie nach allen Himmelsrichtungen, Norden, Süden, Osten, Westen und in die Zwischenlagen hineinlaufen, um wiederum charakteristische Knotenpunkte für den Umsteigeverkehr zu bilden.

Da diese verschiedenen Bahnsysteme sich nicht im Niveau kreuzen können, muß auf ihre Höhenlage schon bei der ursprünglichen Trassierung Rücksicht genommen werden. Während das eine als Damm- oder Hochbahn läuft, wird das andere in halbem Einschnitt laufen müssen, damit die Über- und Unterführungen der Verkehrsstraßen und die erforderlichen Bauwerke leichter zur Durchführung kommen können. Auf diese Weise kann auch der Straßenbahnverkehr überhaupt, oder möglichst bald, wenn er die Innenstadt verlassen hat, losgelöst vom Straßenkörper, in einen Schnellbahnverkehr umgewandelt werden, ohne daß das Umsteigen in ein anderes Beförderungsmittel erforderlich wird.

Gliedert man in diesen schematischen Plan den Straßenplan und den bereits geschilderten Grünflächenplan ein unter Berücksichtigung der bereits erörterten Gesichtspunkte, so entsteht eine Zentralsiedelung, die allen Anforderungen genügen dürfte, wenn noch eine entsprechende Einteilung im Industrie- und Wohnviertel vorgenommen wird, so daß die Industrie möglichst unterhalb der Hauptwindrichtungen von den Wohnvierteln liegt und ergänzende Vorschriften auf dem Gebiete der Bau- und Wohnungspolizei sowie der Ästhetik zur Durchführung kommen.

Zweiter Abschnitt.

Maßnahmen zur Durchführung des Siedelungsplanes.

Aufbringung der Kosten.

Der Generalsiedelungsplan vereinigt in sich die örtliche Verteilung der Flächen, welche zur Befriedigung des Wohnbedürfnisses und zur Herstellung geeigneter Arbeits- und Erholungsstätten bestimmt sind, regelt die Verkehrsbeziehungen unter und in diesen Flächen sowie nach Außen hin. Außerdem bestimmt er die zu treffenden Maßnahmen zur endgültigen Lösung der Wohnungsfrage bis ins Einzelne und gipfelt in der Forderung des vollendeten Kunstwerks in einwandfreier, praktischer und ästhetischer Gestaltung.

Die Maßnahmen zur Durchführung des generellen Siedelungsplanes zerfallen also in diejenigen des Generalbebauungsplanes mit den einzugliedernden Sonderplänen und in ergänzende Vorschriften, welche ganz unabhängig von den politischen Grenzen die Art und Weise der vertikalen Nutzung oder der Bestände in den einzelnen Teilen des Generalbebauungsplanes bestimmen.

Generalbebauungsplan.

Der Generalbebauungsplan scheidet sich wiederum in die Festlegung der großen Durchgangsstraßenzüge zwischen und in den drei Hauptsiedelungsgruppen: Düsseldorf, den Wupperstädten und der Ruhr-Emscher-Gruppe, und in die Festlegung der Hauptlinien der Bebauungspläne, die sich dem Generalbebauungsplan untergliedern müssen. Die Sonderpläne für Industrieviertel und von Grünflächen durchwebte Wohnviertel müssen sich zuletzt einfügen.

Die Hauptstraßenzüge werden ebenso wie die speziellen Bebauungspläne auf Grund des Fluchtliniengesetzes förmlich festzustellen sein. Ihre Durchführung kann je nach Bedarf erfolgen.

In den Städten wird die Festsetzung und Durchführung der Hauptstraßenzüge zurzeit keine wesentlichen Schwierigkeiten bereiten, da die Ortspolizei und Gemeindevertretung unschwer durch die Verwaltungen von der Notwendigkeit der Durchführung überzeugt werden können und das ortsstatutarische Bauverbot bei geschickter Handhabung ein vorzügliches System zu ihrer Durchführung bietet. Auf dem Lande wird wohl häufig der Eingriff der staatlichen Aufsichtsinstanz notwendig werden, die allen Sonderplänen ihre Genehmigung versagen mußte, so lange sie sich nicht in den Gesamtbebauungsplan einfügen. Wesentliche Schwierigkeiten werden aber auch hier bei der Feststellung nicht entstehen, da durchgehende Verkehrslinien wertsteigernd wirken und ihre Wichtigkeit sowie Durchführbarkeit um so leichter verstanden wird, wenn man die Nebenstraßen möglichst schmal hält und nachweist, daß der Gesamtaufwand an Straßenland auf diese Weise nicht höher wird, wie früher bei dem schematischen Straßennetz.

Die Durchführung der Hauptstraßenzüge liegt im gemeinsamen Interesse aller berührten Gemeinwesen. Dieser Umstand gibt den Gedanken, die Kosten für den Ausbau durch sämtliche Gemeinden aufbringen zu lassen. Nun erfordern aber die verschiedenen Straßenstrecken einen ganz verschiedenen Kostenaufwand. An die Art und Weise des Ausbaues der Durchgangsstraßen in der Großstadt werden andere Anforderungen gestellt, als draußen auf dem Lande, wo beiderseits noch keine Bebauung Platz gegriffen hat oder demnächst Platz greifen wird. Außerdem werden an einzelnen Stellen dieser Durchgangsstraßen, etwa bei der Überschreitung eines tiefen Tales oder eines Flusses durch Kunstbauwerke besonders hohe Kosten entstehen. Auch an diesen Bauwerken haben, wie an den gesamten Straßenzügen, sämtliche berührten Gemeinden ein besonderes Interesse. Wenn aber dieses Interesse durch Bezahlung der in Frage kommenden Beträge bekundet werden soll, werden sich zweifellos Schwierigkeiten ergeben. Diejenigen Gemeinden, auf deren Gebiet zufälligerweise das Bauwerk nicht liegt, werden das Interesse an ihm auch nicht anerkennen. Ist diese Gemeinde nun gerade weniger steuerkräftig, so kann hierdurch sehr leicht ein derartiges Projekt auf unbestimmte Zeit zurückgeworfen werden. Es ist daher erwünscht, über die Aufbringung der Kosten einen annehmbaren Vorschlag zu machen.

Dieser Vorschlag geht dahin, daß die Großstädte den Bau der Durchgangsstraßen auf ihrem Gebiete aus eigener Steuerlast tragen, soweit es sich nicht um Kunstbauten größeren Umfanges handelt, hierbei ist noch anzuführen, daß für die Straßenbreite über 26 m die ortsstatutarischen Anliegerbeiträge nicht mehr eingezogen werden können, so daß die über 26 m hinausschießende Breite aus ordinären Mitteln gedeckt werden muß, wenn es für den Sonderfall nicht gelingt, ein Kleinbahnunternehmen für den Grunderwerb und Bahnkörperbau heranzuziehen. Die auf dem Gebiete nicht leistungsfähiger Gemeinden liegenden Strecken der Durchgangsstraßen, und besonders große Kunstbauten, müßten von einem Verbande getragen werden. Als Verband käme hierbei die Provinz in Frage, welche die entstehenden Kosten wie bisher durch Umlagen aufzubringen hätte. Hierdurch könnte eine angemessene Verteilung auf die leistungsfähigen und weniger leistungsfähigen Gemeinden stattfinden. Ob der Automobilklub ebenfalls finanziell interessiert werden kann, bleibt zu versuchen.

Grünflächen. Wesentlich schwieriger wird die Festlegung eines systematischen Klein- und Großgrünflächennetzes sein, weil in einer Reihe von Gemeinden wegen der noch vorhandenen vielen baufreien Flächen im Privatbesitz, jetzt bestehende Freiflächen unterschiedslos mitwirkend, den Eindruck festigen, als ob es sich hier um einen unnötigen Luxus handelte, denn es ist schwer, sich den Endzustand der Bebauung vorzustellen. Außerdem wird der Kostenaufwand gefürchtet, weil den Gemeinden des Westens namentlich Schullasten stets neu geboren werden, die ihre Etats überwiegend beherrschen und eine erhöhte Anspannung der jetzt schon hohen Steuersätze kaum noch zulässig ist. Der Wunsch, daß der Staat die Schullasten übernimmt, indem er die ganze Nation die kostbaren Folgen der nicht unerwünschten Fruchtbarkeit eines Teiles tragen läßt, und insbesondere hierzu die vielen unfruchtbaren Luxusstädte heranzieht, wird wohl Wunsch bleiben.

Nach den bisher gemachten Erfahrungen würde es aber in späterer Zeit stellenweise nur mit ganz enorm hohen, unnötig aufgebrachten Kosten oder an anderer Stelle ganz unmöglich sein, der dann gebieterisch auftretenden Forderung nach Grünflächen gerecht zu werden. Aber kam es denn bei den Hauptverkehrsstraßen nicht auch zunächst lediglich darauf an, durchgehende bandartige Flächen von der Bebauung frei zu halten, ohne sich weiter Gedanken darüber zu machen, welche Kosten später etwa durch einen Ausbau entstehen? Genau so kommt es bei den Grünflächen darauf an, die Kosten, die sicherlich entstehen werden, durch das vorläufige Freihalten später auf ein Minimum herabzudrücken. Es müssen also vorläufig genügend große Flächen an geeigneter und planmäßig bestimmter Stelle von der Bebauung frei gehalten werden. Welche Stellen planmäßig hierbei in Frage kommen, ist bereits generell angedeutet und bedarf nur noch der speziellen Durcharbeitung. Dieser ganz unabhängig von den politischen Grenzen nach den erwähnten Gesichtspunkten aufgestellte Spezialplan bestimmt dann die in Frage kommenden Stellen. Sie sind von der Bebauung frei zu halten. Es steht in absehbarer Zeit nicht zu befürchten, daß hierdurch etwa ein Minderangebot an baureifem Lande erzeugt werden könnte, zu Ungunsten des Wohnungswesens, wenn man den stark wachsenden Städten das angrenzende Freiland politisch zuteilt.

Vor allem dürfen aber auf den als notwendig erkannten Freiflächen keine Spezialbebauungspläne durchgeführt werden. Mit der Genehmigung eines solchen Bebauungsplanes erhält das jetzige Grünflächengelände Bauplatzqualität und es werden unerschwingliche Preise dafür verlangt. Bedenkt man, daß im Interesse der Landesverteidigung jahrzehntelang und auch heute noch das Vorland der Festungsstädte von der Bebauung frei gehalten wird, so taucht die Frage auf: Verlangt nicht die Landesverteidigung auch eine wehrhafte Bevölkerung, die nur ein gesunder, vaterlandsfroher Stamm von Menschen liefern kann? Grundbedingung zur Erzielung des gesunden Stammes ist aber die Schaffung einwandfreier, gesunder Wohnungen innerhalb einwandfreier, gesunder Gesamtsiedelungen. Diese Gesamtsiedelungen sind nur dann einwandfrei, wenn die Sauerstoff spendenden Großgrünzüge bis in ihr Herz hineingehen und Lust schaffen zu regenerierender Bewegung im Freien. Warum sollen daher diese Grünflächen nicht im Interesse der Landesverteidigung und der öffentlichen Gesundheitspflege frei gehalten werden? Muß denn die Stadtbildung geschlossen sein? Überspringt die Stadt Hannover nicht zurzeit die Eilenriede? Umarmt Groß-Berlin nicht den Tiergarten, ohne den Stadtorganismus wesentlich zu zerreißen?

Im Interesse der Erhaltung und Niedrighaltung der Preise der Grünflächen müssen daher alle zulässigen Maßnahmen ergriffen werden: Die Beschränkung auf Grund von Anordnungen des Gesetzes von 1907; die Nichtgenehmigung von speziellen Bebauungsplänen; baupolizeiliche Vorschriften, die nicht mehr als den Anbau von eingeschossigen Einzelhäusern mit großen Grenzabständen zulassen. Dies sind in Verfolgung des bisher eingeschlagenen Weges durchaus zulässige Beschränkungen. Denn in der Zulassung der Baugebiete mit abgestuften Bauvorschriften ist dieser Grundsatz als richtig anerkannt, daß in dem modern geordneten Staatswesen sich eine Interessentengruppe nicht auf Kosten einer anderen zu deren wesentlichem, in die Augen fallenden Nachteile bereichern darf. Liegt in dieser Gegenforderung nicht ein höherer sittlicher Grundsatz, als er allgemein landläufig als zulässig anerkannt wird? Kann nicht noch weiter gegangen werden? Wir sehen in Frankreich vor Einbruch der Revolution unhaltbare Zustände der Ausnützung der großen Volksmasse durch einzelne Gruppen, die nur durch einen Gewaltstreich gelöst werden konnten. Bei uns in Deutschland wird ein derartiges gewaltsames Vorgehen durch eine vorbeugende Staatsverwaltung vermieden. Warum soll diese Staatsverwaltung, um Mißstände im Interesse des Volkswohles zu vermeiden, nicht auch hier entsprechende weitere Maßnahmen finden können.

Wenn nun ein einwandfreier Klein- und Großgrünflächenplan festgelegt ist, wie steht es mit seiner Durchführbarkeit? — Bei den kleineren Grünflächen innerhalb einer Gemeinde mag es noch gehen. Hier muß wie bei dem Wohnungswesen die zielbewußt geleitete Bodenpolitik unermüdlich helfend eingreifen. Hier können, falls es sich um Großgrundbesitz handelt, die Flächen vor Offenlage oder Freigabe des Bebauungsplanes an die Bebauung durch Vertrag gesichert werden, oder, wenn es sich um zersplitterten Grundbesitz handelt, kann durch eine Zusammenlegung das Gleiche erreicht werden. Gewisse Schwierigkeiten ergeben sich hier nur, wenn die Grünflächen nicht zwischen Fluchtlinien liegen, also etwa im Innern von Baublocks. Ist in beiden Fällen der Erwerb durch Vertrag nicht durchführbar, gütlich oder unter dem Drucke des Bauverbots, so kann nur eine Enteignung helfen, deren Zulässigkeit bei Anpassung der Planung an das Fluchtliniengesetz geregelt ist, im anderen Falle der Erörterung des Spezialfalles bedarf. Das Gleiche gilt für die Großgrünflächen, die Feiertagserholungsflächen außerhalb der Ortslagen.

Die Enteignung regelt zur Zeit das Gesetz über die Enteignung von Grundeigentum vom 11. Juni 1874.

§ 1 des Gesetzes lautet:

Das Grundeigentum kann nur aus Gründen des öffentlichen Wohles für ein Unternehmen, dessen Ausführung die Ausübung des Enteignungsrechtes erfordert, gegen vollständige Entschädigung entzogen oder beschränkt werden.

Notwendig ist also hierbei die vollständige Entschädigung. Sie wird durch den derzeitigen Wert des Grund und Bodens bestimmt, also durch eine Taxe. Der Eigentümer hat das Interesse an einer möglichst hohen Taxe, die wiederum von der Möglichkeit einer tunlichst gesteigerten Grundrente abhängig ist. Bauland wird am höchsten bezahlt. Das Bestreben der Grundeigentümer wird daher, wie erwähnt ist, darauf gerichtet sein, sich zunächst Bebauungspläne festsetzen zu lassen, einerlei, ob sie das öffentliche Bedürfnis erforderlich macht oder nicht.

Für die Festsetzung von Bebauungsplänen ist das Gesetz betreffend Anlegung und Veränderung von Straßen und Plätzen in Städten und ländlichen Ortschaften vom 2. Juli 1875 maßgebend. Es bestimmt in § 1:

„Für die Anlegung oder Veränderung von Straßen und Plätzen in Städten und ländlichen Ortschaften sind die Straßen- und Baufluchtlinien vom Gemeindevorstande im Einverständnisse mit der Gemeinde, bezüglich deren Vertretung, dem öffentlichen Bedürfnisse entsprechend unter Zustimmung der Ortspolizeibehörde festzusetzen."

§ 2 regelt dann den Umfang der Fluchtlinienpläne „nach dem voraussichtlichen Bedürfnisse der näheren Zukunft" und § 3 sagt: „Bei Festsetzung der Fluchtlinien ist auf Förderung des Verkehrs, der Feuersicherheit und der öffentlichen Gesundheit Bedacht zu nehmen".

Hervorzuheben ist also, daß die Fluchtlinienpläne nach dem voraussichtlichen öffentlichen Bedürfnisse der näheren Zukunft unter Bedachtnahme auf die Verkehrsförderung und die öffentlichen Gesundheitsinteressen festzusetzen sind. Die maßgebenden Behörden und Instanzen, welche sich bei den Verkehrsstraßen auf den Standpunkt stellten: Jeder Fluchtlinienplan, der sich nicht in das als richtig erkannte Verkehrsstraßennetz des Generalbebauungsplanes einfügt, ist nicht im Interesse der Förderung des Verkehrs, müßten bezüglich der Grünflächen den Standpunkt einnehmen: So lange noch außerhalb der bestehenden Großgrünflächen, soweit sie nicht von Durchgangsstraßen getroffen werden, Platz für Bebauungspläne und Ansiedelungen vorhanden ist, kann k e i n Bedürfnis für die nähere Zukunft vorausgesehen werden, Fluchtlinienpläne auf ihnen förmlich festzusetzen, auch wenn sie etwa abgeholzt werden sollten. Außerdem gebietet sich ihre Erhaltung im öffentlichen Gesundheitsinteresse.

Der erste Träger des Gedankens, daß derartige Grünanlagen dem Volkswohle dienen, muß die Staatsverwaltung sein. Zunächst wird daher die Forderung aufzustellen sein: Der Staat darf seine Waldungen in diesem Bezirk nicht opfern, nicht verkaufen, er muß sie im Interesse des Gemeinwohles erhalten, wobei erwogen werden kann, ob die Erhaltungskosten von den Interessentenkreisen mitzutragen sind, die hiermit auch ein Mitbestimmungsrecht erlangen. Ein derartiges Vorgehen ist meines Wissens noch nicht durchgeführt. Für Sachsen gab nach dem Pressebericht im März dieses Jahres das Staatsministerium bei Beantwortung der Interpellation über den Abbau der Kohlen unter dem sogenannten Harthwalde bei Leipzig die Erklärung ab: „Die Regierung verkenne keineswegs, daß das Interesse der Leipziger Bevölkerung zur Erhaltung des Harthwaldes von großer volkswirtschaftlicher, hygienischer, ethischer und sozialer Bedeutung sei. Dieser Gesichtspunkt solle auch in Zukunft nach Möglichkeit berücksichtigt werden." Eine solche Erklärung wäre in Preußen nicht unerwünscht, insbesondere wenn sie Aussicht auf Durchführung hätte. Sprechen ausschlaggebende Gründe gegen die Erhaltung seiner Wälder, so dürfte sie der Staat nur bedingt verkaufen. Die Bedingungen wären von Fall zu Fall anzugeben. Hauptsächlich müßten sie sich erstrecken auf die Art und Weise der auszuführenden baulichen Anlagen. Es ist durchaus nicht notwendig, daß mit einer Zechenanlage etwa ein Wald verschwinden muß. Die im südlichen Teile von Essen innerhalb der Heisinger Mark angelegte Zeche Gottfried Wilhelm, welche elektrisch betrieben wird, beweist die Möglichkeit einer einwandfreien Vereinigung zwischen Industrieanlage und Grünflächen, wobei beide sich gegenseitig nicht beeinträchtigen, auf das Schlagendste. Endlich müßte in dem gleichen Bezirke, der den Wald verliert, mit Hilfe des Kaufpreises auf billigerem Lande Ersatz geschaffen werden. Wenn die Städte bei der Erschließung oder dem Verkauf größerer Gelände stets die Bedingung stellen, daß im Interesse der öffentlichen Gesundheit Grünflächen zu erhalten oder anzulegen sind, so müßte dies der Staat wohl auch tun, denn es handelt sich doch in erster Linie um die Interessen zum Wohle der Gesamtbevölkerung. Dieses Gesamtinteresse kann nicht darin gefunden werden, daß ein Ressort des Staates einen finanziellen Erfolg aufzuweisen hat, der an einer anderen Stelle wieder zur Beseitigung der daraus resultierenden Mißstände verwandt werden muß. Er war dann ein Scheingewinn, der in dem Zeitalter der Luftschiffahrt und der Vogelperspektive nicht mehr zulässig, sondern in das Zeitalter der Froschperspektive zu verweisen sein dürfte.

Häufig mag auch der Fall eintreten, daß der Bergbau ausgedehntere Flächen mit Waldungen erwirbt, um sie mit Rücksicht auf die kommende Bebauung frei zu halten. Hierbei könnten Gemeinden und Berginteressenten versuchen, ihre gemeinsamen Interessen zu vereinigen, anstatt sich zu bekämpfen. Die großen Werke haben auch das Interesse an den Grünplätzen und Sportflächen im Interesse eines gesunden Arbeiterstammes, genau wie die Gemeinde. Die Kosten könnten bei dieser Interessengemeinschaft zusammen aufgebracht werden.

Verfolgen die Behörden diese Gesichtspunkte, so können zurzeit die Wälder des Bezirks kein Bauland werden, denn es steht noch für fünfzig bis hundert Jahre freies Bauland zur Verfügung, das mit gesetzmäßen Fluchtlinienplänen aufgeteilt werden kann. Da, wo Großstadtgebiete hierzu nicht ausreichen, müßte eine entsprechende Gebietsvergrößerung zugelassen werden, um die einwandfreie Sondergroßsiedelung möglich zu machen. Da, wo unsere Nährmutter, die Industrie, derartige Grünflächen braucht, können ihr annehmbare Existenzbedingungen gestellt werden, die, wie erwähnt, den Pflanzenwuchs ihrer Umgebung keineswegs zu vernichten brauchen.

Bei zähem Festhalten an diesen Grundsätzen sind aber die Grünflächen noch nicht dauernd gesichert. Hierzu bedarf es des Überganges an einen Eigentümer, der ihre dauernde Erhaltung gewährleistet. Als solcher Eigentümer kommt in Frage die Gemeinde, die Provinz, die gemeinnützige Genossenschaft, der Genossenschaftsverband.

Gelingt diesen der freihändige Erwerb der benötigten Flächen nicht, so kann nur die Enteignung eintreten. Wäre es zulässig, diese Flächen als ausgedehnte Platzanlagen von mehreren hundert Metern oder gar mehreren Kilometern Breite mit förmlich festgesetzten Fluchtlinien zu umrahmen, was sich durchaus nach dem Wortlaut des Gesetzes rechtfertigen ließe, so regelte sich die Enteignung einfach nach dem Gesetze vom 11. Juni 1874, wie § 14 des Fluchtliniengesetzes bestimmt. Im anderen Fall kann auch zurzeit nur dieses Gesetz maßgebend sein. Hierbei tritt allerdings folgender Zweifel auf. Als Unternehmungen, welche die Enteignung gestatten, kamen bisher entwicklungsgemäß Straßen-, Berg- und Bahnbauten in Frage; es entstanden Spezialenteignungsgesetze zu Zwecken der Landesverteidigung, Landeskultur, Landes-Triangulation, des Bergbaues, des Eisenbahnbaues (1838) und endlich wurde durch das erwähnte Gesetz von 1874 die Enteignung formell und materiell einheitlich geregelt für den ganzen Umfang der Monarchie. Es gestattet, das Eigentum zu „entziehen" oder zu „beschränken", aber nur aus Gründen des öffentlichen Wohles für ein „Unternehmen", dessen Ausübung das Enteignungsrecht erfordert.

Sollte nun die Plangestaltung sich nicht in das Fluchtliniengesetz eingliedern lassen, und die Erhaltung der Großgrünflächen nicht als ein solches Unternehmen anerkannt werden, dann können diese Flächen weder im Wege der Enteignung erworben werden, noch kann eine Beschränkung eintreten etwa in dem Sinne, daß das Abholzen beschränkt wird. Letzteres kommt wohl auch kaum in Betracht, da wahrscheinlich die hierbei in Frage stehende Entschädigung dem Erwerbspreise gleich kommen dürfte.

Ist für den Erwerb der Flächen die Kabinetsordre nicht erreichbar, dann kann nur noch die Ergänzung des Enteignungsgesetzes oder ein neues Gesetz für diesen Spezialfall helfen, ähnlich wie es bei der Emschergenossenschaft der Fall war.

Es treten nun die Fragen auf: Um welche Flächen handelt es sich, um welche Interessentengruppen? Welche Kosten sind etwa aufzuwenden? Stehen diese Kosten im Verhältnis zu der Steuerkraft der Interessentengruppen?

Auf Blatt 22, worin die Grünflächen nach Besitzern eingetragen wurden, sind diejenigen Grünflächen, welche sich im Gemeindebesitz befinden, schwarz hervorgehoben. Von den ausgedehnten Grünflächen des Bezirkes sind diese verschwindend kleinen schwarzen Flächen gemäß Tabelle 41 in einer Gesamtgröße von 1961 ha bei 318 ha Friedhofsfläche die einzigen, deren dauernde Erhaltung zurzeit garantiert ist. Auch die fiskalischen Waldungen sind hervorgehoben und hierbei insbesondere ein größerer Waldkomplex, welcher bedingungslos an die „Zeche Deutscher Kaiser" verkauft worden ist.

Es ist zu beachten, was die großen leistungsfähigen Gemeinden auf diesem Gebiete bisher geschaffen haben; wie namentlich Essen und Düsseldorf mit großen Kosten in den letzten Jahren sich Stadtwälder gesichert haben, wie Duisburg seinen ausgedehnten Stadtwaldbesitz hat, wie in Elberfeld und Barmen gemeinnützige Vereinigungen schon seit Jahrzehnten ihren Gemeinden die Waldungen gesichert haben. Daneben müssen die Leistungen der kleineren Gemeinden verschwindend klein bleiben, mit Rücksicht auf die Zusammensetzung der Gemeindevertretungen, die geringere Steuerkraft und die geringe Ausgleichsmöglichkeit zwischen den Interessentengruppen. Bei dieser Betrachtung drängt sich der Wunsch auf, daß durch weitere Eingemeindungen wirklich leistungsfähige Stadtgemeinden entstehen möchten. In der nördlichen Siedelungsgruppe kann man sich am Ende nur noch die Großstadt Duisburg, an der mächtigen Wasserstraße, die zentral gelegene Großstadt Essen, und zwischen beiden die Stadtgruppe Oberhausen und Mülheim bestehen bleibend, denken. Diese leistungsfähigen Gebilde werden in ihrem Bezirke vieles erreichen können, und die kleineren Ansätze zur Schaffung von Grünanlagen, wie sie z. B. Stoppenberg mit seinem „Hallo" und neuerdings Kray mit einer ähnlichen Anlage auf Neuland vorgenommen hat, entsprechend ergänzen, vergrößern und vervielfältigen können.

Die in Frage kommenden Flächen sind in dem Abschnitte über Grünflächen bereits generell charakterisiert. Ihre spezielle Festlegung kann der weiteren Bearbeitung überlassen bleiben. Hier ist zunächst ein Überblick über die Interessengruppen, die für sie erforderlichen und zur Verfügung stehenden Grünflächen und den Kostenaufwand notwendig. Dieser kann selbstverständlich nur ungefähr gegriffen werden.

Gemeinsame Interessen an der Erhaltung der im Westen des Bezirkes befindlichen großen Waldungen haben ungeteilt die Städte Düsseldorf, Duisburg und Mülheim und die dazwischen liegenden Gemeinden. Interesse an der Erhaltung der im Norden des Bezirkes liegenden Wälder haben: Duisburg, Oberhausen, Hamborn und die nördlich anschließenden Gemeinden. Essen hat Sonderinteressen, die sich im Westen mit denjenigen von Mülheim, im Osten und Norden mit denjenigen der westfälischen Orte decken, und findet sein Hauptreservegelände an Grünflächen im Süden. Betrachtet man nun generell zunächst den ganzen Bezirk, so kommen zurzeit etwa 2,2 Millionen Menschen in Frage. Hiervon können gemäß Tabelle 45 25% oder 550 000 Zensiten angenommen werden. Wenn jeder Zensit täglich 3 Pfennig aufwenden würde im Interesse der Schaffung der Grünanlagen, so sind jährlich rund 6 Millionen Mark verfügbar. Rechnet man in verschiedenen Teilen des Bezirkes, wo noch Grünflächen vorhanden sind, den Morgen zu 2000 Mark an erster Stelle, 1000 bis 300 Mark heruntergehend, so ergibt sich pro Hektar ein Preis von 6000 Mark im Mittel. Es lassen sich also unter Aufwendung dieser Summe jährlich 1000 ha Land für Grünflächen sichern.

Die vorhandenen Grünflächen im ganzen Bezirk können roh gegriffen zu 21 000 ha angenommen werden. Um lediglich diese Grünflächen der Allgemeinheit dauernd zu sichern, wäre ein Kapitalaufwand von etwa 126 Millionen Mark erforderlich.

Würde dieses Kapital von 126 Millionen Mark durch eine Anleihe beschafft und mit 4% verzinst sowie mit 1% amortisiert, dann wären jährlich 6,3 Millionen Mark aufzubringen. Bei 550 000 Zensiten ist das pro Kopf und Jahr 11,45 Mark oder täglich 3,2 Pfennig. Die gesamte Schuld wäre in 41 Jahren getilgt. Mit zunehmender Bevölkerung und der damit verbundenen Zunahme der Zensiten würde der Beitrag pro Kopf natürlich geringer. Bliebe das Verhältnis der Einwohner zu dem der Zensiten dasselbe, so stiege letztere Zahl auf 0,69 Millionen im Jahre 1920, 0,93 Millionen im Jahre 1930 und auf 1,24 Millionen im Jahre 1940. Damit würden die Beiträge von 3.2 Pfennig pro Kopf auf 2,5 resp. 1,9 resp. 1,4 Pfennig im Jahre 1940 fallen.

Düsseldorf Stadt und Land, Duisburg und Mülheim haben zusammen rund 800 000 Einwohner. Auch hier ist die Zahl der Zensiten 25% der Einwohner, also 200 000, die bei einem täglichen Aufwand von 3 Pfennig im Jahre 2,16 Millionen Mark zusammensteuern könnten. Bei einem Mittelwert von 6000 Mark pro Hektar könnten jährlich 360 ha Gelände aufgekauft werden, oder, falls die gesamten für diesen Bezirk in Frage kommenden Grünflächen von rund 10 500 ha auf einmal erworben werden sollten, muß ein Kapital von 63 Millionen Mark aufgenommen werden.

Wenn auch in diesem Falle das Kapital mit 4% verzinst und mit 1% amortisiert werden soll, dann sind von jedem Zensiten jährlich 15,75 Mark oder täglich 4,4 Pfennig aufzubringen. Bei gleich bleibendem Verhältnis zwischen Bevölkerungszuwachs und Zensiten verringert sich der Beitrag auf 3,45 Pfennig im Jahre 1920, auf 2,55 Pfennig im Jahre 1930 und auf 1,92 Pfennig im Jahre 1940.

Für den nördlichen Interessenkreis Duisburg, Oberhausen, Hamborn und Dinslaken muß mit 500 000 Einwohnern und infolgedessen mit 125 000 Zensiten gerechnet werden, denen 7974 ha Grünflächen zur Verfügung stehen. Werden auch hier täglich 3 Pfennig pro Zensit für den Ankauf von Grünflächen angewandt, so beträgt diese Summe pro Jahr 1,35 Millionen Mark. Bei einem Einheitspreis von 6000 Mark pro Hektar würde diese Summe zum Ankauf von 225 ha jährlich ausreichen. Sollten die 7974 ha sofort erstanden werden, dann wären rund 48 Millionen Mark von den beteiligten Gemeinden aufzubringen. Bei 4% Verzinsung und 1% Amortisation beträgt der Beitrag pro Zensit 19,20 Mark pro Jahr oder 5,35 Pfennig pro Tag. Dieser Betrag vermindert sich auf 4,2 Pfennig im Jahre 1920, auf 3,1 Pfennig im Jahre 1930 und auf 2,54 Pfennig im Jahre 1940 unter der obigen Voraussetzung des gleichmäßigen Wachstums der Bevölkerung und der Zensiten.

Es fragt sich nun, welche Großgrünflächen erhalten bleiben sollen. Zunächst die Spee'schen Waldungen zwischen Düsseldorf und Duisburg, dann die zusammenhängenden Waldungen zwischen Ratingen und Kettwig, die Waldungen südöstlich von Essen, die großen Waldungen unmittelbar nördlich der Siedelungen im Emschertale. Diese Flächen sind noch zu schwer erreichbar und zu weit entfernt von den jetzigen Siedelungen. Es müssen daher Grünzüge und besondere Verbindungen von dort aus in den Bezirk vorgestreckt und Bahnlinien zwischen ihnen und den Bevölkerungszentren angestrebt werden. Diese Grünzüge haben die vorhandenen industriellen Anlagen zu vermeiden, deren Lage und Bedeutung übersichtlich aus Blatt 23, worauf die Verteilung der Großindustrie und der Großgrünflächen angegeben ist, hervorgeht. Ebenso müssen in den bergischen Landen die Täler und die geeigneten Höhenkuppen als Grünflächen in Form von Grünzügen dauernd erhalten bleiben. Vor allem müssen die bestehenden Wanderzüge, wie sie das Neandertal, das Angertal, das Wolfsbachtal und andere darstellen, ihrem Charakter nach erhalten und ergänzt werden. Mit ihrer Sperrung ist jetzt bereits an einzelnen Stellen begonnen. Hier muß die Wegepolizeibehörde wachsam sein. Im einzelnen sind dann für die Gemeinden nach dem für die Stadt Essen durchgeführten Muster in organischem Zu-

Tabelle 45.

Die Zahl der Zensiten nach ihrem Einkommen im Jahre 1910.

Nach den Aufstellungen des Königl. Preußischen Statistischen Landesamts.

Stadt	Einwohnerzahl am 1.12.10	Zahl der Zensiten		Zahl der Zensiten mit einem Einkommen von Mark:											
				900—3000		3000—6500		6500—9500		9500—30500		30500—100000		über 100000	
		Zahl	%[1]	Zahl	%[2]	Zahl	%[2]	Zahl	%[2]	Zahl	%[2]	Zahl	%[2]	Zahl	%[2]
1	2	3	4	5	6	7	8	9	10	11	12	13	14	15	16
Oberhausen	89 900	22 488	25,0	21 473	95,49	824	3,66	85	0,38	94	0,42	11	0,05	1	0,004
Mülheim	112 580	27 128	24,2	25 229	93,00	1443	5,32	182	0,67	224	0,83	39	0,14	11	0,04
Duisburg	229 483	57 006	25,0	52 536	92,16	3355	5,89	467	0,82	501	0,88	122	0,21	25	0,04
Essen	294 653	78 455	26,5	72 298	92,15	4660	5,94	606	0,77	727	0,93	124	0,16	40	0,05
Barmen	169 214	44 473	26,2	40 399	90,83	2647	5,95	497	1,12	684	1,54	203	0,46	43	0,10
Elberfeld	170 195	44 054	25,9	38 961	88,45	3425	7,77	609	1,38	777	1,76	228	0,52	54	0,12
Düsseldorf	358 728	99 389	27,8	87 371	87,91	8140	8,19	1505	1,51	1808	1,82	450	0,45	115	0,12

[1] % von Spalte 2.
[2] % von Spalte 3.

sammenhang kleinere Grünzüge, Spiel- und Erholungsplätze herzustellen, deren genaue Festlegung am zweckmäßigsten der weiteren vorläufig noch vertraulich zu behandelnden Projektierung überlassen bleibt.

Die Wupperstädte haben ihre isoliert stehenden Wünsche. Dort liegen z. B. mit dem Burgholz Spezialaufgaben vor, die gelöst werden, sobald der Fiskus angemessene Preisforderungen stellt, wobei der Kaufpreis von den Gemeinden dieses engeren Bezirkes zu tragen wäre.

Die Betrachtung der Grünflächen kann nicht abgeschlossen werden, ohne der Bahndämme zu gedenken, die in der Regel als rohe prismatische Dammasse das Landschaftsbild zerstören, da ihre Längennivellements an ganz bestimmte Voraussetzungen geknüpft sind, die sich nur notgedrungen dem Gelände anpassen können, im Gegenteil mit Rücksicht auf die Straßenkreuzungen eine Loslösung von diesem Gelände nach oben oder unten verlangen. Erwünscht ist es, den Bahndämmen eine andere Form und Gestalt zu geben, als es bis jetzt in der Regel der Fall ist. Statt der streng prismatischen Form müßte je nach der Geländegestaltung durch flacheren Böschungsverlauf nach dem Böschungsfuße zu und durch größere Ausläufer in das Gelände hinein eine gefälligere Gestaltung gesucht werden, und die Bahndämme müßten durchgängig eine geeignete Bepflanzung mit Baum- und Strauchwerk erhalten, wobei sich die Bepflanzung nach der Linienführung der Strecke in der Geraden oder der Kurve und der vorhandenen Nachbarschaft zu richten hätte. Auch müßten durch die früher beliebten Hecken die heutzutage das Landschaftsbild so außerordentlich verunstaltenden Schwellenzäune wieder in Wegfall gebracht werden.

In dem Gebiete der Stadt Essen ist es bereits gelungen, einen Bahndamm in Auftrag und Einschnitt durch Bepflanzung in das Stadtbild einwandfrei einzupassen. Bei der landespolizeilichen Prüfung eines Entwurfes zur Herstellung des zweiten Gleises auf der Strecke Mülheim-Ruhr-Heißen-Essen-Rüttenscheid erhob die Stadtgemeinde Essen Einspruch gegen die beabsichtigte Dammprofilierung und forderte eine den obigen Ausführungen entsprechende Dammausbildung. Durch ministeriellen Erlaß wurde ein diesbezügliches Abkommen zwischen der Eisenbahndirektion und der Stadtgemeinde genehmigt, wonach die in dem Bachtale anzuschüttenden Dämme nach den Vorschlägen der Stadt ausgestaltet werden sollen.

Im Anschluß hieran ist noch auf einen Umstand hinzuweisen, der mehr Berücksichtigung finden müßte. Es ist der Feuerschutz in der Umgebung der Bahndämme. Im letzten Jahre verbrannten unter Entstehung mehrfacher Brandherde an der Linie Düsseldorf-Weddau viele Morgen Land in der Gegend der Broich-Speldorfer Wald- und Gartenstadtgesellschaft. Diese Schäden zu vermeiden, muß im Interesse der so notwendigen Erhaltung der wenigen Wälder des Bezirkes unbedingt angestrebt werden.

Ebenso ist den Fluß- und Bachufern eine größere Aufmerksamkeit zu widmen. Durch Wohnhausanlagen braucht ihre Schönheit nicht zu leiden; aber auch durch industrielle Anlagen ist es ebensowenig erforderlich. Einmal kann in Formengebung und Gruppierung die künstlerische Forderung mit der Forderung der Praxis vereinigt werden, dann kann die Platzfrage so entschieden werden, daß Natur und Bauwerk sich nicht zu stören brauchen, wie bei Erwähnung der Rheinufer bereits ausgeführt ist.

Die Erhaltung der Bachtäler in den Bebauungsplänen ermöglicht auch bei der zentralen Entwässerungsanlage die teuren Hauptsammler, welche in der Regel überwölbte Kanäle sind, in offene, von Hecken und Pflanzungen umgebene Schalenleitungen zu verwandeln, eine in Bau und in der Unterhaltung wesentlich billigere Anlage, die sich im Arbeitsgebiet der Emschergenossenschaft bereits vorzüglich bewährt hat.

Da, wo in den Bebauungsplänen bereits unnötig breite Straßen örtlich durchgeführt sind, lassen sich durch Einlegung breiter Banketts mit Gras, Strauch- und Baumpflanzung unter Verbilligung der Straßenausbaukosten gefällig wirkende Grünstreifen in die Straßenbilder einweben.

Bisher war das Arbeitsgebiet streng beschränkt. Es wurden lediglich Beziehungen zu den angrenzenden Gebieten berührt, ohne sie weiter zu verfolgen. Zum Schlusse der Betrachtungen über die Grünflächen ist jedoch ein Blick über die Grenzen des Arbeitsgebietes hinaus nach Westen notwendig, und zwar nach dem Barler Busch. Seine Lage ist aus Anlage 22 der schematischen Darstellung der vorhandenen Grünflächen im Bezirk ersichtlich. Er ist ungefähr 320 Hektar groß und bildet zurzeit die einzige Waldfläche westlich des Rheins im Gebiete der kommenden Industrie. Dem Vernehmen nach ist diese einzige Waldfläche der Vernichtung geweiht, indem sie bedingungslos an die Industrie übereignet worden ist. Wenn hier noch etwas zu erreichen wäre, so müßte es alsbald geschehen. Die Erhaltung des Waldes liegt ganz außerordentlich im Interesse der in diesen Bezirk kommenden Bevölkerungsmasse.

Bauvorschriften und Forderungen der Ästhetik

Der in dem Generalbebauungsplan niedergelegte Siedelungsgedanke kann nur erfüllt werden, wenn die ergänzenden Bauvorschriften hinzutreten. In dem vorigen Abschnitte ist diese Forderung detailliert begründet, und es ist auch auf die wesentlichen Bauvorschriften eingegangen. Diese Untersuchungen wären weiter fortzusetzen mit dem Endzweck, die geltenden baupolizeilichen Bestimmungen einer generellen Gesamtdisposition unterzuordnen, unabhängig von den politischen Grenzen der Gemeinden. Hierbei kommen zwei Gesichtspunkte hauptsächlich in Frage. Einmal die Zahl der Geschosse. Ein typischer Fall, welcher der Remedur bedarf, findet sich z. B. im Nordosten von Düsseldorf, wo die Stadt nur auf einem ganz schmalen Streifen die zweigeschossige Bauweise vorgesehen hat, diese Vorschrift von der angrenzenden Nachbargemeinde aber nicht aufgenommen worden ist. Der zweite Gesichtspunkt erstreckt sich auf die Anordnungen der Industrieflächen und der von Industrie frei zu haltenden Flächen. Im Osten von Düsseldorf befindet sich hierzu ebenfalls ein typischer Fall, der beseitigt werden müßte. In diesem Sinne sind sämtliche Bauvorschriften zu revidieren und miteinander in Einklang zu bringen. Außerdem sind die Bauordnungen im Interesse des Wohnungswesens nach den im vorigen Abschnitte ausgeführten Gesichtspunkten einer Revision zu unterwerfen mit dem Grundgedanken, eine gute, gesunde Hausform unter wirtschaftlicher Ausnutzung der Baukosten zu erreichen, wobei unnötige und unzweckmäßige Vorschriften möglichst ausgeschaltet werden.

Aber selbst wenn die Bauvorschriften durchgearbeitet und ausgeführt sind, ist hiermit die Siedelungsfrage noch nicht einwandfrei gelöst. Es bleiben noch Maßnahmen übrig zu suchen auf wirtschaftlichem und auf ästhetischem Gebiete. Gewiß sind in dem Bebauungsplan und in der Bauordnung viele Maßnahmen enthalten, die den Hausbau wirtschaftlich unterstützen und eine bessere Hausform gewährleisten, indem die Aufwendungen für den Hausbau und den Straßenbau auf ein Minimum herabgedrückt werden. Sie sind bekannt und verlangen nur eine Durchführung im Einzelnen. Aber noch bleiben die Einflüsse der viel zu hohen Grundrenten und der Hypothekenverschuldung. Stadt und Gemeinde können sie beseitigen auf ihrem ausgedehnten Grundbesitz, erleichtert durch Genossenschaftsbildung innerhalb der Interessentengruppen der Wohnungssucher; vielleicht auch durch den Genossenschaftsverband.

Auf dem ästhetischen Gebiete muß mit Macht vorwärts geschritten werden, um alle die häßlichen und unserer Zeit unwürdigen Bauten für die Zukunft zu vermeiden, damit ihr Beispiel rückwirkend auf die häßlichen Bauten der letzten Vergangenheit die Eigentümer durch den Umbau zur gefälligeren Bauform überzugehen zwingen. Dies ist in Essen bereits an zwei Stellen erreicht worden. Das gesetzliche und für Bauten an unfertigen Straßen bei geschickter Handhabung bisher völlig ausreichende Mittel ist den Gemeinden vor allem gegeben durch Ausübung des ortsstatutarischen Bauverbotes auf Grund des Fluchtliniengesetzes vom Jahre 1875. Auch das Gesetz gegen die Verunstaltung von Ortschaften und landschaftlich hervorragenden Gegenden gibt gewisse Handhaben hierzu, wenn die erforderlichen Ortsstatuten und Anordnungen erlassen werden.

Ich möchte nicht unerwähnt lassen, daß Bedenken bestehen gegen den Erlaß derartiger Statuten, Bedenken, die in der Entstehungsgeschichte dieses Gesetzes begründet sind und durch eine Entscheidung des Oberverwaltungsgerichtes vom 27. Juli 1911 noch bestärkt werden.

In Händen eines ungeschickten Machthabers bedeutet ein derartiges Statut eine ganz außerordentliche Beschränkung der künstlerischen Freiheit und Einzwängung moderner Bedürfnisse in Bauformen eines längst verflossenen Zeitabschnittes. Viel besser erscheint es, das künstlerische Niveau des bauenden Publikums durch Beispiel und Einfluß zu heben. In diesem Sinne wirken zielbewußt geleitete Bauberatungsstellen wesentlich besser. Gemeinden, Großindustrie und jeder Privatmann mit einem Funken künstlerischen Empfindens sollten bestrebt sein, diesen Kulturgedanken durch Schaffung einwandfreier Bauten zu fördern.

Aufgabe der Verwaltung insbesondere ist es, in Wort und Tat durch Vorträge in allen Vereinigungen der Interessentengruppen und der Bürgerschaft den ästhetischen Gedanken zu wecken unter Hinweis, daß Häuser unter Umständen hunderte von Jahren stehen können, und daß der ästhetische Gedanke in der gesamten Bevölkerung einen derartigen Aufschwung nimmt mit dem Erfolge, daß häßliche Häuser in weiterer Zukunft kaum noch vermietet, noch viel weniger verkauft werden können, wenn nicht ein glücklicher Zufall über diesen Umstand hinweghilft. Da, wo dieser Weg beschritten wird, muß bald der Zustand eintreten, daß das Echo als Forderung der Bürgerschaft an die Verwaltung herantritt, die Stadtbilder im gesamten und einzelnen ästhetisch einwandfrei zu gestalten, und dann erst kommt man dem

Ziele näher. Mit Verordnungen allein kann dies nicht geschehen. Verordnungen sind stets auf ein Schema zugeschnitten, Schönheit und Kunst kennen aber keine Schemas. Der denkende Verwaltungsbeamte wird in diesem Sinne sagen: Was nützen die besten Verordnungen, wenn ich sie mit meinem gesunden Menschenverstande nicht umgehen kann.

Das Gesetz von 1907 läßt auch im Interesse der Erhaltung der landschaftlichen Schönheit Anordnungen zu. Derartige Anordnungen sind in dem Osten des Bezirkes bereits erlassen. Sie erstrecken sich über einen großen Teil der Südstadt Essens und die Landkreise hinweg bis an die Grenzen der Wupperstädte und beginnen wieder südlich hiervon. Der Westen des Bezirkes, insbesondere die Umgebung der großen Waldungen, ist zurzeit noch mit keiner Anordnung belegt. Ein entsprechender Erlaß derselben erscheint dringend erwünscht.

Nachahmenswerte Ortsstatute betreffend Größe der Grundstücke und der zu bebauenden Flächen hat Barmen erlassen, für zwei Gebiete im Süden der Stadt durch Ortsstatut vom 28. November 1911 und Ortsstatut vom 16. März 1912. In dem ersteren dürfen an einer Stelle nur Landhäuser auf Grundstücken errichtet werden, von denen jedes einzelne mindestens 400 qm groß ist und an anderer Stelle solche, die mindestens 1000 qm groß sind. Das Statut von 1912 bestimmt für das zweite Gebiet, daß die Grundstücke für jedes einzelne darauf zu errichtende Wohngebäude mindestens 2000 qm groß sein und einen Mindestabstand von 20 m einnehmen müssen.

Ob sich diese Statute auf die Dauer erhalten und durchführen lassen, bleibt abzuwarten. In der langsam wachsenden Stadt erscheinen sie mehr angebracht zu sein, als in der rasch wachsenden mit wenig verfügbarem Bauland. Seine Durchführung hängt auch sehr von der Wohlhabenheit der Bevölkerungsklassen ab.

Hiermit wären die wesentlichsten Maßnahmen im Großen und heruntergehend bis zum Detail betrachtet, welche Gesetz und Recht, Technik und Kunst geben, um bei zweckentsprechendem Zusammenwirken das erwünschte Gebilde entstehen zu lassen. Nur durch das Zusammengreifen aller dieser Gesichtspunkte kann der Generalsiedelungsplan wenigstens für die jetzigen Verhältnisse einwandfrei aufgestellt werden, wenn nicht befürchtet werden soll, daß fortwährend Abänderungen zum wirtschaftlichen Nachteile der Interessentengruppen vorgenommen werden müssen.

Es genügt noch nicht, wenn nur die leitenden Stellen hiervon überzeugt sind. Auch in unserer Bevölkerung muß der Sinn für ein derartiges großes Unternehmen geweckt werden. Sie ist im ganzen noch roh, und dieser Zustand mag darauf zurückgeführt werden, daß im einzelnen das Gefühl dafür fehlt, daß jeder zu einem in sich zielbewußt an der Besserung der eigenen Daseinsformen und an der Besserung des Daseins der Gesamtheit arbeitenden Stamme gehört, der nur das Gemeinwohl kennt, indem er stets auf Grund eines zielbewußt aufgestellten Planes an der Durchführung der gesunden, praktischen und schönen Siedelung arbeitet. Daß er sich vorstellt, diese Siedelung ist die Vorbedingung für ein gesundes und schönes Geschlecht, das arbeitsfreudig mithilft an der Förderung des Gesamtwohles. Mit der Lohnfrage, mit der ständigen Steigerung des Einkommens, würde dieses Ziel nicht erreicht werden. Jeder wird, sobald es seine Mittel erlauben, die Stätte der schlechten Ansiedelung verlassen und eine bessere aufsuchen, wodurch die schlechtere Siedelungsstätte immer leistungsunfähiger und schlechter wird. Die kleine Gruppe Bessergestellter kann nichts durchgreifendes erreichen mit den wenigen zu Gebote stehenden Bausteinen, die womöglich noch an falscher Stelle gehäuft werden und alsbald wieder abgetragen werden müssen.

Ist der Gesamtplan vorhanden, so kann das sinnvolle Interesse an kleinen Aufgaben in seinem Rahmen bei einzelnen Personen und Interessengruppen leicht geweckt und die Freude an der Mitarbeit erhöht werden.

Gelingt es auf Grund der für den Gesamtsiedelungsplan geschaffenen Unterlagen, einen Plan für den ganzen Bezirk durch gemeinsame Arbeit mit den guten Mitteln aller in Frage kommenden Kräfte aufzustellen, so erscheint es sicher, daß dieser Plan auch zur Durchführung kommt. Bisher hat die Entwickelung des engeren Industriebezirkes gezeigt, daß Mißstände infolge des raschen Anwachsens der Bevölkerung sehr energisch und deutlich zutage getreten sind. Aber ebenso energisch und deutlich hat der Bezirk auch den Weg gefunden, der dazu führt, diese Mißstände zu beseitigen. Wenn es gelungen ist, über die Grenzen von Gemeinde und Kreis, über die Grenze des Regierungsbezirks und sogar die Provinz hinaus mit einem Kostenaufwande von über siebzig Millionen Mark die Abwasserfrage zu lösen, wenn ein

Ruhrtalsperrenverein ebenso die Reinwasserfrage für den nördlichen Bezirk klärt, wenn sich eine Ruhrvereinigungsgenossenschaft bilden kann, so sind dies doch sicher alles Vorbedingungen für den noch größeren Gedanken, der gesamten Bevölkerung des Bezirkes eine einwandfreie Siedelungsmöglichkeit zu geben, die unseres heutigen Kulturstandes einzig und allein würdig ist.

Die Vergangenheit hat bereits solche Aufgaben zusammengedrängter Menschensiedelungen gehabt. Die Stadt Babylon umfaßte ein Gebiet von Ruhrort bis Steele, Kettwig bis Gladbeck.

Wir leben in einer schönen Zeit. Eine Verbesserung zum Wohle der Menschheit löst die andere ab. Alles fließt, und es ist eine Lust, diese Ströme in ihr richtiges Bett zu lenken. Um dieses zu ermöglichen, sind keine Spezialisten irgend einer Fachrichtung berufen, sondern nur Männer erforderlich, die bei umfassender Sachkenntnis ein warmes und unerschrockenes Herz für das Wohl der Gesamtheit und Freude am positiven Schaffen haben.

Ausdehnung des einheitlichen Planes auf die Nachbarbezirke. Mit der Lösung der Aufgaben für den hier gestellten Arbeitsbezirk ist die Arbeit nicht vollbracht. Aus den ganzen Ausführungen geht hervor, daß selbst, wenn alle Daten erschöpfend auch für die kleinsten Gemeinden eingereiht sind, was bei der Schwierigkeit, Unterlagen zu erhalten, bisher nicht möglich war und bedauerlich ist, da gerade in kleineren Gemeinden oft wesentlich schlechtere Verhältnisse zu finden sind bezüglich des Wohnungswesens wie in größeren, dann müssen alle Beziehungen zu den Nachbarbezirken, insbesondere die Übergänge nach Westfalen hin, gelöst werden.

Bereits jetzt schon stoßen die Verhandlungen von Essen aus, wegen der Durchgangsstraßen nach Wattenscheid, auf Schwierigkeiten, die auf dem Gebiete des Privatinteresses zu suchen sind. Hier muß die benachbarte Regierung helfend eingreifen, wenn nicht Stückwerk entstehen soll.

Ständige Arbeitskommission. Nun fragt es sich noch, wer soll den durch endgültige Bearbeitung festgelegten Generalsiedelungsplan durchführen, wer soll seine Durchführung überwachen? Sofort hört man den Ruf: Ein Zweckverband. Diesem Rufe steht aber gleich die Frage entgegen: Zu welchem Zwecke? Die Behandlung der Aufgabe hat gezeigt, daß drei vollkommen getrennte Gruppen von Städten vorhanden sind, wovon die Einzelstadt Düsseldorf bereits den vollendetsten Zweckverband der Kommune darstellt. Hat Düsseldorf etwa ein Interesse daran, daß zwischen Essen und Gelsenkirchen eine Grünfläche angelegt oder ein Verkehrsstraßenzug gebaut und es zu den Herstellungskosten herangezogen wird? Diese Frage dürfte wohl verneint werden. Sollen also etwa drei Zweckverbände gebildet werden, je einer für die einzelne Städtegruppe und ein vierter für ihre Beziehungen zueinander?

Vielleicht empfiehlt es sich zunächst, einen anderen Versuch zu machen, zumal der Zweckverband den Zwang bedeutet und selbstverständlich den passiven Widerstand weckt. Viel empfehlenswerter ist die freiwillige Vereinigung der in Frage kommenden Interessenten, die an die große, schöne und Erfolg versprechende Arbeit freudig herantreten werden. Unsere Stadtverwaltungen verfügen über eine genügende Anzahl von Kräften, die zur zielbewußten Zusammenarbeit berufen sind und in freiwilliger Vereinigung, gestärkt durch die eingehendste Ortskenntnis des sehr komplizierten Bezirkes, die Aufgabe ihrer Lösung wesentlich näher bringen können. Wichtig ist dabei nur noch die Einrichtung der Zentralstelle, welche die Generalideen ausgibt und prüft, ob sie sinngemäß erfüllt werden. Sie muß auch das Interesse der Gesamtbevölkerung an dieser wichtigsten Existenzfrage wecken. Gelingt dies, so wird sie der Lösung entgegengetragen von der deutschen Gewissenhaftigkeit und unaufhaltsam vorwärts gedrängt von dem deutschen Idealismus.

Schlußergebnis.

Mit der Umwandlung Deutschlands zum Industriestaate ist in den letzten 40 Jahren die Bevölkerung unseres Industriebezirkes im Nordwesten, soweit er zu dem Regierungsbezirk Düsseldorf gehört, von 600 000 auf 2,1 Millionen Seelen gestiegen, und es ist nicht abzusehen, wann dieser Bevölkerungszuwachs aufhören wird. Wenn auch zweifelsohne die größte Entwicklungsintensität überschritten ist, so kann doch jetzt mit Bestimmtheit angenommen werden, daß in einem Zeitraume von 15 bis 20 Jahren eine weitere Erhöhung der Bevölkerungszahl auf etwa 3 Millionen Seelen eintreten wird.

Dieser rasche Bevölkerungszuwachs, der wiederholt bezirksweise bis zu 47,5 % im Jahrfünft betrug, hat als selbstverständliche Folge Mißstände gezeigt. Es wurde versucht, die Beseitigung dieser Mißstände im Interesse der öffentlichen Gesundheitspflege zu erreichen durch sanitäre Verbesserungen aller Art, wie Einrichtung der zentralen Wasserversorgungen, Kanalisationen und Abwasser-Reinigung, Straßenbau, Müllbeseitigung, Nahrungsmittelkontrolle, Säuglingsfürsorge, Verbesserung des Wohnungswesens usw., wobei die Genossenschaftsbildung (Emschergenossenschaft, Ruhrtalsperrenverein usw.) über die kommunalen und Provinzialgrenzen hinaus nicht gescheut wurde.

Aber alle diese Maßnahmen bekämpfen einzelne Mißstände. Sie können selbst in ihrer Vereinigung keine endgültige Besserung bringen, solange es nicht gelingt, der gesamten Menschenmasse eine einwandfreie Ansiedelung in Gegenwart und Zukunft zu ermöglichen nach einem umfassenden, sogenannten General-Siedelungsplan.

Dieser General-Siedelungsplan stellt einen Organismus dar, dessen einzelne Teile in Wechselbeziehung zu einander alle Bedürfnisse der modernen Massenansiedelung erfüllen müssen. Er soll geben die Lösung der Wohnungsfrage verbunden mit den Erholungsstätten in der erquickenden Natur; die Großarbeitsstätten getrennt von den Wohnstätten, so daß sie sich wechselseitig nicht ungünstig beeinflussen; außerdem muß durch ihn die Regelung der Verkehrsfragen jeder Art erfolgen mit dem Endzweck, ein in allen Teilen und Formen den Bedürfnissen voll entsprechendes Kunstwerk zu formen, dessen Aufbau ohne Zerstörungen, ohne Irrwege stetig fortschreitend möglich ist. Die Durchführung des General-Siedelungsplanes liefert den Nährboden für eine gesunde, frohe, arbeitsame Bevölkerung, deren Nationalstolz und Vaterlandsfreude geweckt und gestählt werden durch das Gefühl der Zugehörigkeit zu einem planmäßig einwandfrei angelegten und geleiteten Großunternehmen, das aufgebaut ist nach den Grundsätzen des Gemeinwohles.

Gesetzmäßig besteht dieser General-Siedelungsplan aus dem General-Bebauungsplan und den ihn ergänzenden Vorschriften auf dem Gebiete des Baurechtes und der Ästhetik (Gesetz gegen die Verunstaltung usw.).

Der General-Bebauungsplan bestimmt die Flächen für Wohnbezirke und Kleinbetriebe, für Großarbeitsstätten, für Grünplätze und Erholungsflächen, sowie das Netz der Hauptverkehrsstraßen und Bahnlinien aller Art und gibt die leitenden Gesichtspunkte für die Spezial-Bebauungspläne.

Die ergänzenden Vorschriften regeln die Nutzung der Planflächen. Sie erfüllen den Sinn der Linienführung und die Plandisposition. Sie lösen insbesondere die Wohnungsfrage nach gesundheitlichen, wirtschaftlichen und ästhetischen Gesichtspunkten.

Der Bezirk zerfällt z. Zt. in drei getrennte Siedelungsgruppen:
1. Düsseldorf, im wesentlichen die Einzelstadt in der Rheinebene mit ungehinderter konzentrischer Entwicklung.
2. Eine südöstliche Städtegruppe in dem scharf eingeschnittenen Flußtale der Wupper. Sie sucht neuerdings die freiere Entwicklung auf den Höhen.

3. Eine besonders ausgedehnte nördliche Städtegruppe im Niederschlagsgebiet der Ruhr und Emscher; der Sitz von Kohlenbergbau und Eisenindustrie. Eine Städtegruppe, die jetzt schon über die Provinzialgrenze nach Norden und Osten hin sich fortsetzend die stärkste Entwicklungstendenz zeigt und in wenig Jahrzehnten eine geschlossene Stadt bilden wird.

Für diese drei Siedelungsgruppen mit ihrer nicht wesentlich verschiedenen sozialen Zusammensetzung der Bevölkerung sind nach den gleichen Grundsätzen Spezial-Siedelungspläne aufzustellen, deren Variationen die Örtlichkeit ergibt. Diese Spezial-Siedelungspläne müssen sich aber in den Gesamtplan eingliedern, insbesondere wegen der Verkehrsbeziehungen, der Verteilung der Großgrünflächen und der Flächen für Groß-Industrie.

Wo die Verteilung der Wohn- und der Industrieflächen von den einzelnen Städten bereits vorgenommen ist, müssen lediglich Unstimmigkeiten bei dem Zusammentreffen mit Nachbargemeinden ausgeschaltet werden. Wo die Gebietseinteilung fehlt, ist sie in gleichem Sinne jetzt vorzunehmen.

Die Lage der Großgrünflächen ist gegeben durch die jetzigen Bestände. Sie müssen erhalten, ergänzt und im Bedarfsfalle im Rahmen des Gesamtplanes verlegt werden. Die kleinen Grünflächen sollen als Grünzüge die gesamte Siedelung durchweben und nach Bedarf durch Spiel- und Sportplätze ergänzt werden.

Die Verkehrsbeziehungen zwischen und in den Siedelungsgruppen sind gegebene und bestimmen die Verkehrswege einschließlich der Bahnlinien. Die örtliche Festlegung des Verkehrsnetzes in zweckentsprechende Leistungsfähigkeit hat nach den in der Denkschrift niedergelegten Grundsätzen im Einvernehmen mit den Einzelverwaltungen noch zu erfolgen. Alle Verwaltungen müssen sofort Sorge tragen, daß diese Linien vorläufig überall von der Bebauung frei bleiben bis ihre förmliche Festsetzung erfolgt ist. Derselbe Grundsatz gilt sinngemäß für die Grünflächen.

Die Bauvorschriften müssen ebenfalls unabhängig von den politischen Grenzen der Gesamtdisposition untergeordnet werden, und zwar einmal unter Regelung der Bauweise, dann unter Bestimmung der Wohnbezirke und der Industrieflächen. Für die Wohnbezirke ist ein Wohnhaustyp anzustreben, der die gesundeste Haus- und Wohnungsform unter wirtschaftlicher Ausnutzung der Baukosten erreichen läßt. Dabei soll die gute bodenständige Hausform vor allem gefördert, unnötige und unzweckmäßige Vorschriften sollen ausgeschlossen werden.

Mit allen Mitteln muß versucht werden, die bekannten häßlichen Bauten, die unsere Heimat so sehr verunstalten, und die unseres übrigen Kulturstandes unwürdig sind, zu beseitigen, wobei im Interesse der individuellen künstlerischen Entwicklung von allzu eingehenden Bestimmungen in den Ortsstatuten Abstand zu nehmen ist.

Ein edler Wetteifer der Städte zur Erfüllung dieser Aufgaben wird dem Wohle des Vaterlandes dienen.

Inhalts-Angabe.

Erster Abschnitt.
Die Bevölkerung und ihre jetzige Siedelungsweise.

Seite

Der Siedelungsplan . . . . .5—6
Nachteile infolge Fehlens eines generellen Siedelungsplanes . . . 6—22

Bevölkerung.

Bevölkerungsstand . . . . .22—23
Heutige Verteilung der Bevölkerung innerhalb des Bezirks . . . .23—24
Voraussichtliche Verteilung der Bevölkerung in Zukunft . . . . .24—28
Jetzige Siedelungsweise in den verschiedenen Teilen des Bezirks .28—32
Bauvorschriften. Allgemein 32
Baugebiete 32
Gebäudegruppen . . . . .32—34
Flügelbauten 34
Dachgeschosse . . . . .34—38
Zahl der Vollgeschosse 38
Vergleich mit Groß-Berlin .38—41
Die örtlichen Baupolizeivorschriften des Bezirks . . . . .41—44
Gebäudehöhe 45
Geschoßzahl . . . . .45—48
Hofgrößen . . . . .48—50
Flügelbauten 50
Dachgeschosse . . . . .50—52
Offene Bauweise . . . . .52—54
Ergebnis der Betrachtungen über Bauvorschriften 54
Bebauungspläne . . . . .54—55
Provinzialstraßen . . . . .55—57
Hauptverkehrswege zwischen den Städten . . . . .57—65
    Düsseldorf—Duisburg .57—59
    Düsseldorf—Elberfeld .59
    Essen—Wuppertal . . . . .59—60
    Der nördliche Bezirk mit Duisburg . . . . .60—61
    Duisburg—Essen . . . . .61—62
    Oberhausen 62
    Essen . . . . .62—64
    Die Wupperstädte . . . . .64—65
Breite der Hauptverkehrsstraßen 65
Grünflächen . . . . .65—75

	Seite
Spiel- und Sportplätze	75—77
Wanderwege	77
Eisenbahnen	77—85
Straßenbahnen	85
Schema der werdenden Großstadt	85—86

Zweiten Abschnitt.
Maßnahmen zur Durchführung des Siedelungsplanes.
Aufbringung der Kosten.

General-Bebauungsplan	89—90
Grünflächen	90—96
Bauvorschriften und Forderungen der Ästhetik	97—99
Ausdehnung des einheitlichen Planes auf die Nachbarbezirke	99
Ständige Arbeitskommission	99

Schlußergebnis . . . . 101—102

Druckfehler-Berichtigung:

Seite 32, 11. Zeile von oben:
statt 29 Köpfen muß es heißen 19 Köpfen.